Dresdner Familientage

– Materialien zur Katechese –

Impressum

Das Material für die Familientage wurde erarbeitet, zusammengestellt und gestaltet von:

Regina Schulze
Marcus Hoffmann
Ursula Rost
Monika Scheidler
Matthias Slowik
Bertram Wolf

©   Deutscher Katecheten-Verein e.V., München 2009
       ISBN 978-3-88207-388-1
       1. Auflage

Auslieferung:	dkv-Buchservice
	Preysingstraße 97, 81667 München
	Tel.: 089/48092-1245, Fax: -1237
	E-Mail: buchdienst@katecheten-verein.de
	Shop: http://shop.katecheten-verein.de/
Kontakt:	Regina.Schulze@ordinariat-dresden.de
Titelfoto:	© Beth Twist und Sanja Gjenero (www.sxc.hu)
Layout:	Marcus Hoffmann, Dresden
Druck:	Ludwig Auer GmbH, Donauwörth

Wir verwenden private Bilder und Fotos von www.sxc.hu. Wir haben uns bemüht, alle Inhaber von Text-, Bild- und Notenrechten in Erfahrung zu bringen. Für zusätzliche Hinweise sind wir dankbar.

Inhalt

Einführung 8

Zielperspektiven katechetischen Lernens 12

Bausteine zur Einladung 16

Alles muss klein beginnen 20

    Ablauf 21

    Materialien 29

Gott kommt zu Gast 40

    Ablauf 41

    Materialien 46

In Gottes Hängematte 56

    Ablauf 58

    Materialien 66

Der Herr gibt es den Seinen im Schlaf (Ps 127,2) 76

    Ablauf 79

    Materialien 83

**In dankbarer Erinnerung an
Ursula Rost
(1962-2008)**

Vorwort

„Kinder sind Gäste, die nach dem Weg fragen". Dieser Ausspruch einer alten Frau und intensive Erlebnisse mit Eltern in der Sakramentenvorbereitung waren Anlass, Eltern und Kinder in die Mitte zu nehmen. Eltern, die sich als Katechetinnen beteiligten oder die angebotenen Elterntreffen nutzten, berichteten über eigenes Wachsen im Glauben, intensive Gemeinschaftserfahrungen und religiöse Gespräche in der Familie.

Der Wunsch vieler Eltern nach Unterstützung in der religiösen Erziehung forderte außerdem heraus, nach neuen Wegen gerade in der Erwachsenenkatechese zu suchen. Ein Meilenstein der Katechese ist es daher, Erwachsene in ihrer Situation und nicht in erster Linie als Eltern anzusprechen. und ihre Erfahrungen und Fragen ins Gespräch zu bringen.

Die guten Erfahrungen gemeindlicher Katechese - vor allem in den Ostbistümern - bei der Gestaltung der Religiösen Kinderwochen und Religiöser Kindersamstage bilden die Grundlage. Weiterhin war die Diskussion um den schulischen Religionsunterricht und die Gemeindekatechese ein Motor für die Entstehung dieser Handreichung.

Dabei soll die vorliegende erste Ausgabe zur Gestaltung von Familientagen auch Ermutigung für die Verantwortlichen in der Gemeindekatechese sein, anscheinend Unmögliches zu wagen – wie Jeans ohne Klammern an die Leine zu hängen – mit dem spannenden Ziel einer lebendigen Gemeinde in Glaube und Gemeinschaft.

Die Familientage bieten die Möglichkeit, Familien mit ihren Wünschen und Fragen und mit ihrer Sehnsucht nach Alltagstauglichkeit des Glaubens ins Gespräch zu bringen. Sie bieten die notwendigen Räume für tragende Beziehungen untereinander und heimatstiftende Erlebnisse in der Pfarrgemeinde.

Im gemeinsamen Erleben, im Austausch, im Gebet und in liturgischen Feiern wächst der Glaube und bleibt nicht in den Kinderjeans stecken.

Die Autoren wollen Anstifter für Katecheten und Eltern sein, die kleinen „Gäste, die nach dem Weg fragen" nicht „im Regen stehen zu lassen."

Regina Schulze

Einführung

Wie diese katechetischen Familientage entstanden sind

In den Gemeinden und Dekanaten des Bistums Dresden-Meissen zeigt sich seit einigen Jahren, dass die Katechese einen Energie- und Kreativitätsschub braucht, der über die guten Erfahrungen mit der jährlichen Religiösen Kinderwoche (RKW) hinaus geht. Nach Beratungen mit dem Bischof, mit Mitarbeitern des Ordinariats und der Religionspädagogik der TU Dresden trifft sich seit 2006 eine Arbeitsgruppe mit dem Ziel, ein Konzept und Materialen für katechetische Kinder- und Familientage zu entwickeln, die inhaltlich, didaktisch und organisatorisch so aufgebaut sind, dass sie möglichst unkompliziert von Teams aus hauptamtlich und ehrenamtlich Mitarbeitenden in Gemeinden und größeren pastoralen Räumen durchgeführt werden können.

Was und wen die Familientage erreichen wollen

Anknüpfend an die positiven Erfahrungen von Kindern, Eltern, Gemeindereferentinnen und -referenten, ehrenamtlich Helfenden und Pfarrern mit der Religiösen Kinderwoche in den Sommerferien möchten die Familientage diese katechetische Intensivwoche, die nur einmal jährlich stattfinden kann und damit recht punktuell bleibt, so ergänzen, dass übers Jahr verteilt zusätzlich fünf einzelne katechetische Tage (bzw. halbe Tage) durchgeführt werden. Weil in den Gemeinden zunehmend deutlich wird, dass insbesondere Eltern, aber durchaus auch andere Erwachsene, sich Unterstützung bei der Auseinandersetzung mit ihren Lebens- und Glaubensfragen in unserer pluralen Gesellschaft wünschen und entsprechende Angebote unter bestimmten Bedingungen auch gerne annehmen, wurden zu jedem der Themen nicht nur Entwürfe und Materialien für die Katechese mit Kindern verschiedener Altersstufen erarbeitet, sondern auch eine Skizze für ein katechetisches Gespräch mit Erwachsenen. Angesichts der Tatsache, dass nicht nur Kinder, sondern auch Erwachsene sich auf ihrem Lebens- und Glaubensweg weiter entwickeln, sind die Familientage darauf ausgerichtet, auch die Eltern mit ihren Anliegen und Fragen anzusprechen und auf ihrem Weg zu begleiten.

Da es in mancherorts bereits gute Erfahrungen mit katechetischen Kindertagen gibt, können diese Familientags-Materialien eine zusätzliche Hilfe für die Vorbereitung sein und insbesondere zur Realisierung der Erwachsenenkatechese beitragen. Für andere ist die Idee vielleicht neu, aber diese Handreichung bietet genügend Unterstützung, damit auch ehrenamtliche Katechetinnen und Katecheten in Absprache mit dem Pfarrer, der Gemeindereferentin oder dem Pastoralreferenten entsprechende Familientage vorbereiten und durchführen können.

Wie die Familientage funktionieren können

Die Familientage sind so geplant, dass insgesamt 2☐ Zeitstunden inhaltlich gearbeitet wird. Hinzu kommen evtl. noch ein gemeinsamer Imbiss und eine liturgische Feier.

Der Ablaufplan jedes Familientages enthält:

- einen *gemeinsamen Einstieg* ins Thema mit allen teilnehmenden Kindern und Erwachsenen
- eine *differenzierte inhaltliche Phase,* in der die Kinder verschiedener Altersstufen und die Erwachsenen sich jeweils unter ihresgleichen mit dem Tagesthema beschäftigen
- eine gemeinsame *inhaltliche Abschlussphase* mit allen Kindern und Erwachsenen, die das Tagesthema vertieft und bündelt.
- einige zum Tagesthema passende *liturgische Bausteine,* die entweder im Rahmen einer anschließenden Wort-Gottes-Feier, einer Sonntagsmesse oder eines gemeinsamen inhaltlichen Abschlusses verwendet werden können.

An welcher Stelle im Ablauf des (halben) Tages zusätzlich ein gemeinsamer Imbiss oder weitere Zeit für Pausen und für Spiele sinnvoll ist, entscheidet das Familientags-Team vor Ort. In manchen Gemeinden oder größeren pastoralen Räumen können die Familientage am besten am Samstagnachmittag durchgeführt werden – beginnend um 14.30 Uhr und abschließend mit der Sonntagvorabendmesse, in die dann natürlich auch die liturgischen Bausteine dieser Handreichung aufgenommen werden können. Im Zusammenhang mit dem Familientag bietet es sich an, die Heilige Messe in besonderer Weise als Familiengottesdienst mit den Kindern und Erwachsenen des Familientags und ggf. mit weiteren Gemeindemitgliedern zu feiern.

Alternativ zur Organisation des Familien(halb)tags am Samstagnachmittag ist es auch denkbar, den Familientag am Sonntag vor und/oder nach der Heiligen Messe durchzuführen. Da man allerdings nach dem Gottesdienst am Sonntagmorgen kaum vor 11 Uhr mit der inhaltlichen Arbeit des Familientags beginnen kann, müsste dann nicht nur Kaffee/Kuchen für den (frühen) Nachmittag, sondern auch einen kleinen Mittagsimbiss organisiert werden. Der Familientag würde dann bis in den Nachmittag hinein dauern – bis etwa 15.30 Uhr. Eine weitere Variante könnte sein, den Familientag auf Sonntagnachmittag zu legen und ihn mit einer Abendmesse zu verbinden. Auf keinen Fall sollte mit der Durchführung des Familientags auch noch der schulische Religionsunterricht verbunden werden, weil die Familientage eindeutig katechetische Ziele haben. Der Religionsunterricht sollte zu separaten Zeiten organisiert und durchgeführt werden – wegen der ihm eigenen religionspädagogischen Ziele und Inhalte bzw. entsprechend der Lehrpläne für das Fach Katholische Religion in den verschiedenen Schulformen und Klassenstufen.

Organisation und Terminplanung

In den nächsten Jahren werden vom Autorenteam die Materialien für insgesamt 20 Familientage erarbeitet. Für jedes Jahr ist ein Materialpaket für vier Familientage geplant. Die Themen beziehen sich nicht primär auf die Feiern im Kirchenjahr, sondern auf grundlegende Lebens- und Glaubensfragen. Sie können in der vorgegebenen Reihenfolge erarbeitet werden oder je nach Bedarf auch in einer anderen Reihenfolge. Ein fünfter Familientag kann frei gestaltet werden – in Anlehnung an das Jahresthema des Bistums oder mit Blick auf ein Fest im Kirchenjahr. Je nach Bedarf und Möglichkeit kann die Zahl der Familientage pro Jahr weiter erhöht werden. Ein Übersichtsraster für die kommenden Jahre sieht folgendermaßen aus:

Jahr \ Jahreszeit	Advent	Winter	Zeit vor Ostern	Frühjahr o. Sommer	Spätsommer o. Herbst
1. Jahr	frei gestaltet	1.	2.	3.	4.
2. Jahr	5.	6.	frei gestaltet	7.	8.
3. Jahr	frei gestaltet	9.	10.	11.	12.
4. Jahr	13.	14.	15.	16.	frei gestaltet
5. Jahr	17.	18.	frei gestaltet	19.	20.

Wichtig wird es sein, die konkreten Termine der Familientage in der Gemeinde rechtzeitig abzusprechen und bekannt zu geben: möglichst bald nach den Sommerferien bis zum nächsten Sommer. Dann können Eltern und Kinder und andere Erwachsene sich rechtzeitig darauf einstellen und manchmal vielleicht sogar diejenigen teilnehmen, die wegen ihrer sehr weit entfernten Arbeitsstelle am Wochenende nicht immer bei ihrer Familie und der Heimatgemeinde sein können. Möglicherweise kommen dann von einer Familie zu 3 der 5 Treffen beide Eltern mit den Kindern, einmal kommt ein Elternteil mit den Kindern und einmal entscheiden die Eltern vielleicht auch, dass sie diesen Nachmittag für eine intensive Zeit zu zweit brauchen und deshalb nur ihre Kinder zum Familientag schicken.

Anliegen der Familientage

Das zentrale Anliegen der Familientage ist, Kindern und Erwachsenen in den Gemeinden zu helfen, dass ihr Leben auch in der zunehmend spürbar werdenden Diaspora der pluralen Gesellschaft gelingt, indem sie auf den Zuspruch und Anspruch des Evangeliums eingehen und ihr Leben in der Gottesbeziehung als einzelne und gemeinsam bewusst(er) gestalten. Dazu gehört insbesondere die katechetische Einführung in die Grundaufgaben von Christen und Gemeinden: den Glauben zur Sprache bringen und bezeugen (Martyria), den Glauben im Dienst an anderen leben (Diakonia) und den Glauben feiern (Liturgia). Die Zielperspektiven katechetischen Lernens sind im Anhang zu finden.

Themen des ersten Jahres und weitere Themen

Das Materialpaket für das erste Jahr, in dem die Familientage eingeführt werden, enthält Entwürfe für vier Themen und Zielbereiche:

1. Alles muss klein beginnen (Erstbegegnung – im Vorfeld)
2. Gott kommt zu Gast (Martyria)
3. In Gottes Hängematte (Liturgia)
4. Der Herr gibt es den Seinen im Schlaf (Diakonia)

Hinweise zur Einführung

Für Gemeinden oder größere pastorale Räume, die mit den Familientagen beginnen wollen, stellt sich die Frage nach dem ersten Schritt. Organisatorisches drängt sich in der Vordergrund, möglicherweise auch Ängste und Hemmungen bei Gemeindemitgliedern, Pfarrern und anderen pastoralen Mitarbeiterinnen und Mitarbeitern. Das ist teilweise verständlich und nachvollziehbar. Mancherorts ist die Macht der Gewohnheit groß und jede neue Idee wird eher als Bedrohung wahrgenommen denn als Chance zu neuem christlich-kirchlichem Leben. Als Gemeinde das gegenwärtige und zukünftige Leben zu gestalten, bedeutet aber immer auch Entscheidungen zu treffen. Solche Entscheidungen basieren entweder auf nachvollziehbaren, pastoral und katechetisch zukunftsfähigen Kriterien oder sie basieren auf ungeklärten und wenig hinterfragten Traditionen.

Die Einführung von Familientagen als Ergänzung zu anderen sozialpädagogischen und katechetischen Angeboten der Gemeinde für Kinder setzt in jedem Fall einen gemeinsamen Entscheidungsprozess in der Gemeinde oder Seelsorgeeinheit voraus. Insbesondere ist eine gemeinsame Entscheidung der hauptamtlich und der ehrenamtlich Mitarbeitenden wichtig. Zu wünschen wäre auch eine entsprechende Entscheidung des Pfarrgemeinderats mit dem Pfarrer – unter Einbezug des Votums insbesondere der ehrenamtlichen Katecheten. Darüber hinaus ist natürlich die Information der Gemeinde über die Familientage in Gottesdiensten, durch das Gemeindeblatt und in verschiedenen Gremien/Gruppen unverzichtbar. Insbesondere gilt es die Eltern bzw. Familien, die unmittelbar in die Familientage involviert werden können, und ggf. weitere interessierte Erwachsene frühzeitig zu informieren und zur Teilnahme zu motivieren. Dabei sollten Anliegen, Ziele, Themen und Organisation der Familientage gut erklärt und die Termine für die ersten 3 – 5 Familientage bekannt gegeben werden.

Wenn in einer Gemeinde die Zeit für die Einführung der Familientage noch nicht reif zu sein scheint, könnte es in den kommenden Jahren eine vorrangige Aufgabe der hauptamtlichen und ehrenamtlichen Mitarbeiter sein, weiter Überzeugungsarbeit bei einzelnen und Gruppen zu leisten und zumindest mit denen zu beginnen, die mit solchen Familientagen anfangen wollen.

Für die konkrete Planung und Durchführung der Familientage vor Ort ist es wichtig, ein Familientags-Team aus Personen zu bilden, die sich auf allen Ebenen gegenseitig unterstützen und ergänzen. Zum Familientags-Team sollte neben einigen ehrenamtlichen Katechetinnen und Katecheten (Erwachsene und ältere Jugendliche) möglichst auch der Pfarrer oder eine andere hauptamtlich in der Pastoral mitarbeitende Person gehören. Entscheidend wird es darauf ankommen, auch ehrenamtliche Katecheten zu ermutigen, eine der Kindergruppen, die Erwachsenengruppe oder die gemeinsame Einstiegs- bzw. Schlussrunde anzuleiten. Benachbarte Gemeinden oder Seelsorgeeinheiten können sich bei der Durchführung der Familientage möglicherweise gegenseitig unterstützen. Nicht zuletzt können auf Dekanatsebene Fortbildungen für die Familientags-Teams organisiert werden.

Hinweise für die katechetische Arbeit mit Erwachsenen

Die größte Herausforderung und Chance der Familientage liegt zweifellos im Bereich der Erwachsenenkatechese, da dort Erwachsene nicht in erster Linie als Glaubensvermittler für die Kinder angesprochen werden, sondern selbst die Möglichkeit bekommen, mit den ihnen als Erwachsenen wichtigen Fragen im Mittelpunkt zu stehen.

Diese katechetische Perspektive und Aufgabe ist für manche Gemeinden ein ungewohntes Feld – nicht nur für die teilnehmenden Erwachsenen der Gemeinde, sondern auch für Gemeindereferentinnen, Pfarrer und Pastoralreferenten. Im Rahmen der Familienkatechese auf dem Weg zur Erstkommunion hat sich gezeigt, dass dieser Austausch unter den Erwachsen ein guter Weg ist, die religiöse Sprachfähigkeit zu fördern und durch vielfältige Begegnungen die Erfahrung lebendiger Gemeinde zu machen. In der Einführung der hier vorgestellten Familientage liegt die Chance, neue Begegnungs- und Kommunikationsräume zu eröffnen und das im Teilen der Glaubenserfahrungen als Bereicherung für einzelne, für Gruppen, Gemeinden und größere pastorale Räume zu erleben.

Die Katechetinnen und Katecheten benötigen dazu die Bereitschaft und vor allem die Gelassenheit, im Prozess der Familientage auch mit den Erwachsenen einen gemeinsamen Glaubensweg zu gehen. Je nachdem wie gut die Gruppe miteinander vertraut ist, kann der Katechet/die Katechetin einfache oder komplexere Methoden für die Kommunikation wählen und im Laufe der Treffen steigern. Ein persönlicher Austausch zwischen den Teilnehmenden wird zu Beginn des Prozesses eher im Zweiergespräch gelingen, für die man einen Impuls und z.B. 20 Minuten Zeit geben kann, bevor alle wieder zusammen kommen und man eine bündelnd-abschließende Phase anleitet. Wenn Zweiergespräche (nach einer Einübungs- und Gewöhnungsphase) gut funktionieren, kann man den Teilnehmenden auch Gesprächsimpulse und Aufgaben zur Bearbeitung in Dreier- oder Vierergruppen geben. In der großen Runde mit allen wird es – auch wenn nur 10 Personen teilnehmen sollten – erst auf der Basis gewachsener Vertrautheit der Teilnehmenden untereinander und mit der teilnehmenden (!) Leitung möglich sein, in tief gehender Weise in die persönliche Glaubenskommunikation zu kommen. Verschiedene Methoden, die in den Materialien beschrieben werden, aber nicht in katechetischen Aktionismus ausarten sollen, möchten dies unterstützen. So wie sich der Katechet auf seinem Glaubensweg als Suchender erfährt, kann er auch den Gedanken und Fragen der Teilnehmenden Raum geben, ohne dabei alle auftretenden Fragen abschließend klären zu müssen.

Ausblick

Die Familientage möchten ein Anstoß für neue Wege der Katechese in den Gemeinden mit Kindern, Erwachsenen und Mitarbeitenden sein. Die Gruppen der ehren- und hauptamtlich Engagierten erhalten hiermit eine Arbeitshilfe mit einem Konzept, das inhaltlich über die Feiern des Kirchenjahres hinausgeht, weil es auf ein breites Zielspektrum katechetischen Lernens ausgerichtet ist. Diese Handreichung möchte einen neuen katechetischen Weg mit Kindern und Erwachsenen anregen und unterstützen.

Zielperspektiven katechetischen Lernens
im Hinblick auf den Erwachsenen als mündigen Christen

Die Berücksichtigung dieses Zielspektrums spezifisch katechetischer Lernprozesse möchte die Gestalter der Familientage unterstützen, nicht nur den Anspruch, sondern auch den Zuspruch des Evangeliums zu erschließen und dabei sowohl die Grundaufgaben der christlichen Gemeinde als auch die verschiedenen Beziehungen, in denen die Teilnehmenden leben, zu berücksichtigen und Einseitigkeiten zu meiden. Deshalb sind die Grundvollzüge der Gemeinde in vier Beziehungsebenen untergliedert: Begegnung mit der eigenen Person (Ich), mit Menschen in der Gemeinde (Wir), mit Anderen (Gesellschaft und Welt) und mit Gott.

Dieses Zielspektrum katechetischen Lernens wurde in Anlehnung an entsprechende Überlegungen zu einem Zielspektrum der Gemeindekatechese von Dieter Emeis entwickelt (vgl. D. Emeis, Didaktische Analyse von Themen und Texten. Schritte der Vorbereitung auf Katechese und Religionsunterricht, Bildungsarbeit und Predigt, München: DKV 1997). Die Zielperspektiven wurden in einem Seminar an der TU Dresden unter der Leitung von Monika Scheidler und Regina Schulze mit Studierenden für die katechetische Situation katholischer Gemeinden in Ostdeutschland adaptiert und differenziert sowie schließlich in Zusammenarbeit von Regina Schulze, Monika Scheidler, Annegret Beck und Anne Rademacher (Bistum Erfurt) in die hier zu Grunde gelegte Fassung gebracht.

Hinführung und Erstbegegnung

Ich *(eigene Person)*	Wir *(Glaubensgemeinschaft)*	Andere *(Gesellschaft / Welt)*	Gott *(Vater – Jesus – Hl. Geist)*
• sensibel werden für die eigene Befindlichkeit • Achtsamkeit für das eigene Wohlbefinden entwickeln • Selbstliebe als Voraussetzung von Selbstwertgefühl und ausreichender Ich-Stärke kennen lernen und einüben • Selbstliebe und Egoismus unterscheiden • sich mit eigenen Wünschen, Träumen, Lebenszielen auseinander setzen	• wahrnehmen, dass andere in der Gruppe ähnliche (und andere) Wünsche, Träume und Lebensziele haben • sich dafür öffnen, dass auch andere ein Recht auf die Erfüllung angemessener Bedürfnisse haben • die Sehnsüchte anderer respektieren • sich mit anderen austauschen über die eigene Person, die Glaubensgemeinschaft, Gesellschaft, Welt und Gott	• sensibel dafür werden, dass es andere Menschen gibt, die nicht zufrieden sein können, weil sie keine wirkliche Chance haben, zu ihrem Leben zu kommen • sich dafür öffnen, dass es viele Menschen gibt, die nicht einmal das Notwendigste zum Überleben haben	• sensibel werden dafür, wie ich in lebenspraktischen Entscheidungen meine eigene Geschichte mit Gott (als dem guten Geheimnis allen Lebens) habe/ggf.: wie ich mich dem verweigere • (neu) sensibel werden für die Dimension der Gottesbeziehung im eigenen Leben

Martyria – Glauben zur Sprache bringen, sich bewusst machen, bezeugen

Ich (eigene Person)	Wir (Glaubensgemeinschaft)	Andere (Gesellschaft / Welt)	Gott (Vater – Jesus – Hl. Geist)
• einüben, eigene Erlebnisse und Erfahrungen mit Hilfe von sprachlichen Bildern und Metaphern sowie mit Hilfe von Symbolen zum Ausdruck zu bringen • die eigenen religiösen Vorstellungen klären • eigene Glaubensfragen und Zweifel wahrnehmen und sich damit auseinandersetzen • sich mit den eigenen Gottesbildern auseinander setzen • sich mit eigenen Vorstellungen von Sinn und Ziel des Lebens auseinander setzen und mit Vorstellungen vom Lebensweg des Einzelnen und der Geschichte der Menschheit • sich persönlich (mit Bezug auf eigene Lebenserfahrungen und Fragen) mit dem Zuspruch und Anspruch der Frohbotschaft auseinander setzen • wahrnehmen, dass und wie Gott durch biblische Erzählungen (Erfahrungen von Glaubenden vor mir) zu mir spricht und mich darauf einlassen • sich öffnen für Begegnungen mit dem lebendigen Gott im Hören auf Gottes Wort und im Gespräch darüber	• den Umgang mit Sprachbildern, Metaphern und Symbolen im Gespräch über Lebens- und Glaubenserfahrungen kennen lernen und einüben • die Glaubensgemeinschaft als Experimentierraum für verständliches, zeitgemäßes Sprechen über Leben und Glauben erleben und nutzen • andere bestärken und selbst bestärkt werden im Hören auf Gottes Wort und im Gespräch darüber • Mut entwickeln, anderen etwas von meinem Glauben und meinen Zweifeln zu zeigen • den Verkündigungsauftrag Jesu an die Jünger kennen lernen, diesen Auftrag an mich als Teil der Gemeinde wahrnehmen und mir bewusst werden, dass auch mein Verkündigungsdienst wichtig ist • sich mit anderen austauschen über die eigene Person, die Glaubensgemeinschaft, Gesellschaft, Welt und Gott	• etwas vom eigenen Glauben in Taten und Worten bezeugen – im Freundeskreis, in der Nachbarschaft, am Arbeitsplatz • „natürliche" Anlässe für Gespräche mit anderen Menschen über Religion/Glauben erspüren, erkennen und nutzen • den Mut zum ersten Schritt fürs Bezeugen des Glaubens im Alltag entwickeln	• sich dafür öffnen, wie Gott seine (Liebes-) Geschichte mit mir hat und um meine Antwort wirbt • die Bereitschaft entwickeln, Gott zuzutrauen, dass er meinen Lebensweg begleitet und mich für eine bestimmte Lebensaufgabe ruft • die Bereitschaft entwickeln, Gott mein Unverständnis, meine Zweifel hinzuhalten, und anerkennen, dass Gott auch noch ganz anders sein kann als meine Vorstellungen • sich mit dem Zuspruch und Anspruch der Frohbotschaft auseinander setzen • sich mit dem Glaubensbekenntnis der Kirche auseinander setzen und klären, inwiefern man es selbst mitsprechen kann (und möchte) • grundlegende Aspekte der Entwicklung des Gottesbildes und des Glaubens kennen lernen • sich mit dem eigenen Jesusbild auseinander setzen • altersgerechte Vorstellungen vom Leben, Sterben und der Auferweckung Jesu kennen • sich mit eigenen Vorstellungen vom Geist Gottes und der Kirche auseinander setzen, diese mit biblisch-christlicher Überlieferung korrelieren und sich vergewissern, was davon leben hilft

Liturgia – Glauben feiern, beten

Ich (eigene Person)	Wir (Glaubensgemeinschaft)	Andere (Gesellschaft / Welt)	Gott (Vater – Jesus – Hl. Geist)
• Grundgebete kennen, reflektieren, einzeln und gemeinsam mit anderen sprechen • versch. individuelle Ausdrucksformen des Glaubens (persönl. Beten, Meditieren …) kennen lernen, reflektieren und einüben • Gottesdienst als Dienst Gottes an mir und den anderen versammelten Menschen wahrnehmen und verstehen • sich in einer liturgischen Feier situationsgerecht und individuell verhalten können • still werden und vor Gott einfach da sein können • sich öffnen für Erfahrungen mit dem lebendigen Gott im Gebet • die persönliche Gottesbeziehung (weiter) entwickeln • das eigene Leben vor Gott bringen in Dank, Bitte, Klage und Lobpreis • spirituelle Kraftquellen kennen lernen und die eigene Spiritualität (weiter)entwickeln • einüben, sich mit Symbolen und symbolischen Handlungen auszudrücken • die Sakramente mit Bezug auf eigene Lebenserfahrungen verstehen • sich mit der Bedeutung von Symbolen, symbolischen Handlungen und christlichen Sakramenten auseinandersetzen	• versch. gemeinschaftliche Ausdrucksformen des Glaubens (liturg. Gebet …) kennen lernen, reflektieren und einüben • Gottesdienst als Dienst Gottes an der versammelten Gemeinde verstehen, erleben und feiern • verschiedene Gottesdienstformen kennen lernen, ausprobieren, reflektieren und einüben • die Zeiten im Kirchenjahr mit ihren liturgischen Besonderheiten kennen • selber liturgische Gebete und Gottesdienste vorbereiten, durchführen (leiten) und reflektieren • die liturgischen Dienste kennen lernen und ausprobieren, welche Form und Intensität fürs eigene Sich-Einbringen passt • sich mit anderen austauschen über die eigene Person, die Glaubensgemeinschaft, Gesellschaft, Welt und Gott	• die eigene Spiritualität für das berufliche/ gesellschaftliche Engagement (weiter) entwickeln • Mystik (persönliche Erfahrungen der Gottesbeziehung) und eigenes berufliches/ gesellschaftliches Engagement korrelieren • die Welt vor Gott bringen in Dank, Bitte, Klage und Lobpreis • „natürliche" Gebetsanlässe und „weltliche" Gottesdienstorte entdecken und nutzen • offene Gottesdienste (versch. Formen) kennen und ausprobieren, die speziell für Suchende, kirchlich Distanzierte und/oder Nichtkonfessionelle konzipiert sind (Krippenfeier, Valentinsfeier, „Jugendweihe" in der Kirche)	• eigene Gebetsformen und Rituale finden • in liturgischen Feiern Freiräume für die persönliche Gottesbeziehung entdecken und nutzen • Sakramente als Quelle und Höhepunkt individueller und gemeinschaftlicher Gottesbeziehung wahrnehmen und feiern

Diakonia – Glauben handelnd gestalten, im Dienst an Anderen leben

Ich (eigene Person)	Wir (Glaubensgemeinschaft)	Andere (Gesellschaft / Welt)	Gott (Vater – Jesus – Hl. Geist)
• den Zusammenhang von Selbst- und Nächstenliebe kennen • die eigene Bedürftigkeit vor Gott wahrnehmen und annehmen • nicht nur den Zuspruch (der Liebe Gottes) aus der Frohbotschaft kennen, sondern auch den damit verbundenen Anspruch wahr- und ernst nehmen • die eigenen Fähigkeiten für diakonisches Handeln entdecken • in Auseinandersetzung mit der biblisch-christlichen Tradition Maßstäbe für das eigene Handeln in konkreten Situationen sondieren (Gewissensbildung) • aus der persönlichen Gottesbeziehung heraus Maßstäbe für das eigene Handeln entwickeln • in konkreten Situationen angesichts akuter Not anderer Menschen die Herausforderung zu diakonischem Handeln wahrnehmen, annehmen und darin einen Anruf Gottes erkennen • Deutungs- und Handlungskompetenz für Leidsituationen im eigenen Leben und im Leben anderer gewinnen	• sensibel dafür werden, wie es den nächsten und den ferneren Mitmenschen in der Gemeinde geht • Formen familiärer und nachbarschaftlicher Diakonie kennen und einüben • den christlichen Zusammenhang von Nächsten- und Gottesliebe kennen • eigene Fähigkeiten und Interessen in den Dienst der Gemeinde stellen und die Vielfalt der Gaben schätzen • Not in der Gemeinde wahrnehmen und lindern (also: nicht nur Gottesdienst feiern …) • den Sinn bewährter caritativer Dienste verstehen sowie die Bereitschaft für eigenes soziales Engagement und neue diakonische Projekte entwickeln • mit Konflikten in der Gemeinde konstruktiv umgehen lernen (Streitschlichterdienst …) • sich mit anderen austauschen über die eigene Person, die Glaubensgemeinschaft, Gesellschaft, Welt und Gott	• sensibel dafür werden, wie es fernen Mitmenschen geht • die Fernsten- und Feindesliebe als christliche Steigerungsformen der Nächstenliebe kennen • die soziale/gesellschaftl. Wirklichkeit als Herausforderung für die Bewährung des eigenen Christseins (der eigenen Berufung und Sendung) wahrnehmen • das eigene berufliche/gesellschaftliche Engagement und persönliche Erfahrungen der Gottesbeziehung aus einer fundierten Spiritualität heraus korrelieren • den Wert von zeichenhaftem Handeln kennen und schätzen lernen (ein gezieltes Zeichen setzen kann sehr viel mehr bewirken als ein Tropfen auf den heißen Stein = gegen eigene Frustration und Resignation) • sondieren, wo Engagement sinnvoll und realistisch ist sowie Verbündete suchen	• die Identifikation Jesu mit den Armen, Benachteiligten und Hilfsbedürftigen kennen und sie als möglichen Motivationsgrund für die eigene Barmherzigkeit wahrnehmen und erproben • wahrnehmen, wie Gott als Schöpfer sah, dass „alles gut war", und die Bereitschaft entwickeln, als Gottes Ebenbild und Partner die gute Schöpfung zu bewahren und selbst entsprechend kreativ zu werden • den christl. Zusammenhang von Gottes- und Nächstenliebe kennen • sensibel dafür werden, wie ich in lebenspraktischen Entscheidungen – auch hinsichtlich meines berufl./gesellschaftl. Engagements – am Aufbau des Gottesreiches und der weiteren Geschichte Gottes mit den Menschen teilhaben u. mitwirken kann • in Auseinandersetzung mit der biblisch-christlichen Tradition Möglichkeiten des Umgangs mit eigenem und fremdem Leid erkunden (kämpfen, erdulden, klagen …)

Bausteine zur Einladung

Liebe Kinder, liebe Eltern,

nach einer wunderbaren Religiösen Kinderwoche im Sommer will man nicht bis zum nächsten Jahr auf ein Wiedersehen warten. Deshalb gibt es jetzt die religiösen Kinder- und Familientage. An jedem dieser Tage sind die Kinder und Eltern eingeladen. Wenn Ihnen die Zeit an einem der Samstage zu knapp ist, können Sie die Kinder gern auch allein zum Kindertag schicken.

Planen Sie die Termine in Ihre Aktivitäten für das Jahr schon mal mit ein. Für alle soll an diesen Tagen die Gemeinschaft und die Stärkung im Glauben im Mittelpunkt stehen. Wir freuen uns auch sehr über Rückmeldungen, wenn Sie die gemeinsame Zeit mitgestalten möchten.

Termine und Themen auf einen Blick (ein Beispiel):

1. Dezember 2007	„Seht, die erste Kerze brennt"
2. Februar 2008	Kinderfasching
1. März 2008	„Alles muss klein beginnen"
17. Mai 2008	„In Gottes Hängematte"
14.- 18. Juli 2008	Religiöse Kinderwoche
20. September 2008	„Gott kommt zu Gast"
22. November 2008	„Der Herr gibt es den Seinen im Schlaf"

Der Herr gibt es den Seinen im Schlaf

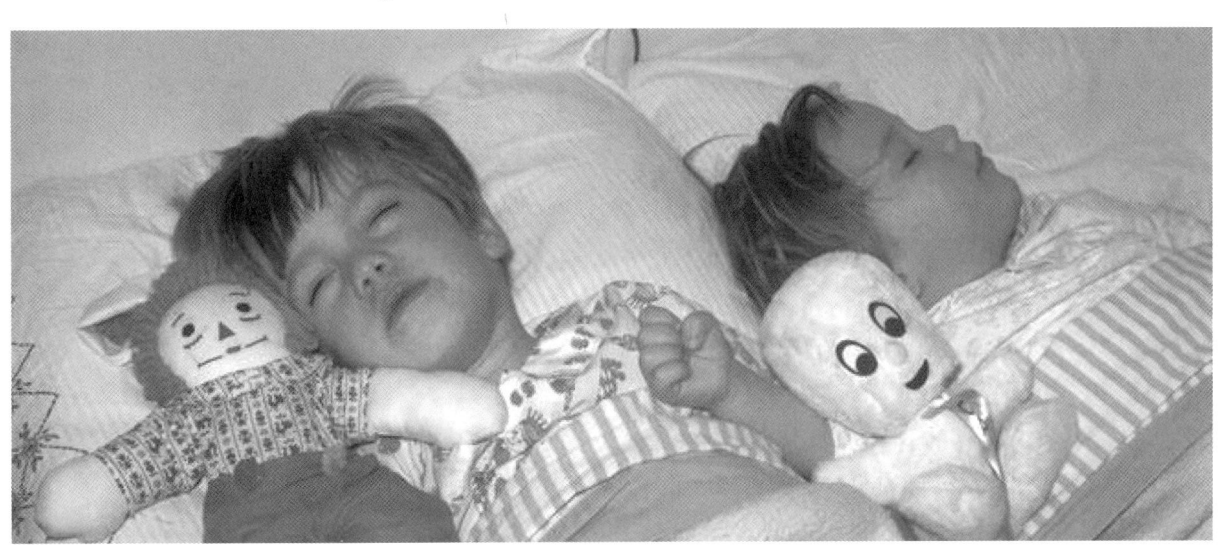

Gott kommt zu Gast

Alles muss klein beginnen

In Gottes Hängematte

Alles muss klein beginnen

Kurzdarstellung

Wenn wir unser Leben durchdenken oder über den Lebensweg sprechen, benutzen wir sehr oft Begriffe aus der Natur: Da ist die Rede von „Heranwachsenden" und „Erwachsenen", vom „unreifen" Jugendlichen, vom „Stammbaum", von der „Blüte", dem „Herbst" des Lebens oder von den „Früchten", die man im Alter genießen möchte. Wunsch, Traum und Ziel des Lebens ist ein erfülltes, „fruchtbares" Leben. Wir beobachten, wie Kinder „heranwachsen" und „gedeihen", wir „ziehen sie groß" und hoffen, dass sie sich auch später ihrer „Wurzeln besinnen" und der Kontakt nicht „abreißt". Eltern machen sich Gedanken über das Miteinander- und Aneinander-Wachsen und dass das Leben „Früchte bringt".

Dazu lädt auch der Familientag ein, der das Säen, Wachsen und Reifen im Leben in den Blick nimmt und entsprechend der Zielperpesktiven im Bereich Erstbegegnung den Einzelnen dahin führt, sich mit eigenen Wünschen, Träumen und Lebenszielen auseinanderzusetzen.

Über die Anschauung von Samenkörnern und mit Hilfe der Frage, was ein Korn zum Wachsen braucht, wird der Bezug zum eigenen Wachsen und Reifen betrachtet.

Das Gleichnis vom Sämann ist biblischer Mittelpunkt und soll bei den Überlegungen helfen, dass Gott unser Leben von Anfang an reich beschenkt, begleitet und fruchtbar werden lässt. Mit Mut und Zutrauen können wir unseren je eigenen Weg gehen und sind gerufen, den „guten Boden" bei uns zu entdecken und nichts „überwuchern" oder „zertreten" zu lassen, was das Leben reich macht.

Gott schenkt zum Leben, was wir brauchen, er teilt wie der Sämann reichlich aus und eröffnet Wege zum glücklichen, fruchtbaren Leben. Gott lädt in die Fülle ein, obwohl - wie schon im Gleichnis beschrieben – manche Bedingungen ein Wachsen verhindern. Wir sind herausgefordert, Gelegenheiten zum Keimen, Wachsen und Gedeihen zu schaffen, „Pflegeanleitungen" nicht zu übersehen und den fruchtbaren Weg zu erkennen.

Gott schenkt jedem diese Möglichkeiten und schickt uns damit auf den Weg, der nicht ohne Dornen und Steine bleibt, aber durch Mut und Vertrauen unsererseits zum reifen Menschsein führt.

Ziele

4 – 8 Jahre: Die Kinder erspüren in einer Körperübung, wie ein Korn wächst, und erarbeiten ein Legebild „Vom Korn zum Brot". Sie werden vom Katecheten zum Staunen hingeführt, welches Wunder und welcher Reichtum in einem Brot stecken.

9 – 12 Jahre: Anhand des Gleichnisses vom Sämann erarbeiten die Kinder, welche (Körper-)Haltungen das Leben wachsen lassen und welche den Wachstumsprozess eher behindern. Dabei helfen ihnen die verschiedenen Metaphern des biblischen Textes.

13 – 17 Jahre: Die Jugendlichen erörtern die Teile eines Baumes und deren Funktionen. Sie verstehen diese als Metaphern für ihre eigene Lebenssituation.

Erwachsene: Mit Hilfe des Gleichnisses vom Sämann betrachten die Erwachsenen ihre eigene Lebenssituation und suchen im Austausch miteinander nach Voraussetzungen, die den Glauben im Familienalltag wachsen lassen.

Ablauf

Einstieg für alle Teilnehmenden

Schritte	Material
Lied: Alles muss klein beginnen *(Tipp: Die Strophen sind nicht einfach zu singen: man kann auch nur den Refrain mit den entsprechenden Gesten einüben und die Strophen nur lesen)*	*Liedblatt*

Mögilche Alternativen der Weiterarbeit
    * Geschichte vom Laden erzählen oder vorlesen
    * als Anspiel vorher einstudieren
    * Lied dazu von Gerhard Schöne anhören
	Kopie der Geschichte bzw. CD (Gerhard Schöne „Sieben Gaben") & CD-Player

• Korb oder Schale mit Getreidekörnern mit einem Tuch verdecken und in die Mitte stellen.
    * ein Erwachsener geht in die Mitte und fühlt, was in der Schale ist, ohne dies zu verraten
    * Er lädt noch jemanden ein zum Fühlen ein.
• Der Reihe nach nehmen alle eine Korn aus der verdeckten Schale.
• Samenkorn anschauen, befühlen, dem Nachbarn zeigen, hoch halten, fest in der Hand halten ...
• Jeder nennt seinen Namen und erzählt von seinem Korn: was es träumen, was es erzählen, was es sich wünschen, was wohl daraus werden könnte.
• Danach wird jedes Korn auf je ein kleines Deckchen in der Mitte abgelegt. (Es kann auch vorsichtig in die Hosentasche gesteckt und dort für den Tag gut aufbewahrt werden.)
	Korb bzw. Schale mit Weizenkörnern, Tuch, Ablagemöglichkeit für Weizenkörner
	
	Ziel ist, am Tagesabschluss, das Korn nochmals in die Hand zu nehmen und in eine Schale mit Erde zu stecken

4-8 Jahre

Schritte	Material
Vorbereitung: Stuhlkreis, Basteltische	
• Kinder setzen sich in den Stuhlkreis. • Katechetin erinnert an das kleine Korn und lädt die Kinder ein, sich am Boden ganz, ganz klein zusammenzukauern – wie ein Samenkorn – dazu spricht sie langsam: * „Ich bin ein kleines Korn und bin in die Erde gelegt worden. Ich bin ausgesät, aus mir soll etwas Schönes, Großes wachsen. Ich liege in der Erde und bin ganz still. Die Sonne scheint auf die Erde und wärmt sie, ich fange an mich zu bewegen, ganz langsam wächst ein Trieb." *(Kinder bewegen sich langsam aus der Hocke und stehen auf.)*	

<ul><li>* „Der Regen macht die Erde schön feucht und die Sonne scheint noch wärmer. Ich wachse und werde größer und größer. *(Kinder recken sich nach oben)*</li><li>* Eine Ähre beginnt sich zu formen. *(Einen Arm in die Höhe)*</li><li>* Viele Körner sind daran. *(Hand nach unten wie eine volle Ähre)*</li><li>* Mit vielen Ähren wiege ich mich im Wind. *(Kinder wiegen sich hin und her.)*</li><li>* Wir warten auf die Ernte."</li></ul>		
<ul><li>Danach bilden die Kinder Paare, ein Kind ist das Korn *(zusammengehockt am Boden)*, das andere Kind berührt es beim Wachsen:<ul><li>* Text ähnlich wie oben: *(Kind streicht bei „Sonne" mit beiden Händen über den Rücken des „Samenkornkindes", bei „Wind" pusten, bei „Regen" vorsichtiges Trommeln mit den Fingern auf dem Rücken)*</li></ul></li><li>Partnerwechsel</li></ul>		

Gespräch mit den Kindern (und Aufgabenverteilung):		
Was könnte aus dem Korn werden?	Auf einem braunen Tuch wird ein Korn abgelegt	*braunes Tuch, Korn*
Das Korn will wachsen, es braucht die Sonne und den Regen.	Wer malt eine Sonne? Regenwolke? *Ein Kind wird ausgewählt.*	
Es wächst ein grüner Trieb aus der Erde.	Wer kann einen Trieb basteln? *Ein Kind wird ausgewählt.*	
Was kommt dann? – die Ähre wächst	Wer malt eine Ähre und schneidet sie aus? *Ein Kind wird ausgewählt.*	
Welche Tiere huschen wohl übers Feld?	Vögel, Hamster, der Körnchen klaut, Schmetterling, … *Kinder werden ausgewählt.*	
Das Korn wird geerntet? Wir brauchen …	den Bauern, Mähdrescher	
Korn kommt in die Mühle …	Mühle und Müller	*Schale mit Mehl*
aus dem Mehl wird Brot gebacken	Bäcker, Verkäuferin	*in Tuch gehülltes Brot*

<ul><li>Brot noch nicht auspacken!</li><li>Jedes Kind sollte jetzt etwas zu malen oder zu basteln haben für den Weg vom Korn zum Brot.</li><li>Basteln, Malen, Gestalten oder Kleben der genannten Dinge.<ul><li>*Tipp: Wenn es nur wenige Kinder in der Gruppe sind oder viele Kleine dabei sind, kann man sich auch mit Figuren und Tieren aus der Holztier- oder Playmobilkiste behelfen oder kleine Plüschtiere mitbringen, dann kann man einen einfachen Vogel z.B. von allen basteln lassen oder einen Sonnenstrahl reißen …*</li></ul></li></ul>	*Papier, Stifte, Leim, Scheren* *Holz- oder Playmobiltiere*
<ul><li>Kinder kommen wieder im Kreis zusammen</li><li>Katechetin legt mit Tüchern einen Weg, spricht Sätze und nach jedem Satz legt ein Kind seine Bastelarbeit auf den Weg. Nach jedem Ablegen wird der Liedruf gesungen: „ Alle guten Gaben, alles, was wir haben …"</li></ul>	*Kett-Tücher*

Schaut auf das Korn, es möchte etwas Großes werden, es möchte wachsen.	
Liedruf: Alle guten Gaben	*Liedblatt*
Es braucht die Sonne	Kind legt Sonne oder Sonnenstrahlen ab	
Liedruf: Alle guten Gaben	*Liedblatt*
Das Korn braucht Regen	Kind legt Regenwolke, blaues Tuch oder Tröpfchen ab	
Liedruf: Alle guten Gaben	
Ein kleiner Trieb fängt an zu wachsen	Kind legt grünen Trieb ab.	
• Weitere Sätze in Anlehnung an den ersten Text • Am Schluss legt die Katechetin ein in ein Tuch gehülltes Brot ab und die Kinder ent-decken (nach und nach Tuch aufdecken) das Brot. • In der Mitte des Kreises liegt nun der Weg vom Korn zum Brot.	*Brot*
• Schauen, welche Fülle in einem Brot steckt; gemeinsam staunen; Kinder loben für Basteln und gemeinsames Tun • „Ob wir es jetzt schmecken, was alles im Brot drin ist?" • Katechetin verteilt kleine Stückchen vom Brot.	
mögliche Weiterarbeit: * Gemeinsam den Tisch für alle decken, Tischkarten malen, Vögel falten, einen Hamster kneten, einen Sonnenstrahl schneiden und auf die Teller legen …	

9-12 Jahre

Schritte	Material
Vorbereitung: Stuhlkreis, Schalen oder Körbe mit Steinen, Dornengestrüpp, feste Erde (Weg), Mutterboden	
• nacheinander die Dinge aus den Schalen im Kreis herumgeben – Stein befühlen, Dornen, … • „Was erzählen die Dinge? Woran erinnern sie uns?" Dann in der Mitte ablegen.	*4 Schalen mit Steinen, Dornengestrüpp, fester Erde, Mutterboden*

Überleitung:
 	
• Jesus erzählt, wie Menschen manchmal sind:
    * Manche sind hart und kalt wie ein Stein, nichts kann sie erweichen, Gefühle prallen ab …
    * Menschen sind „zugestrüppt", andere haben viel zu viel um die Ohren, alles Mögliche hält sie gefangen wie eine Dornenhecke. Wie kommen sie raus aus dem Gestrüpp? …
    * Kennt ihr Menschen, die „sticheln" und „pieksen"?	

* Manchmal, sagt Jesus, sind Menschen und ihre Meinungen wie festgetrampelte Wege * Manche sind so hektisch auf ihrem Weg, dass da nichts Neues mehr wachsen kann	
• Gleichnis vom Sämann lesen	*Bibel Lk 8,4-8*

• Hat Gott, wenn er aussät, eine Chance bei mir?
• Gibt es Situationen in meinem Leben, …
    * in denen ich versteinert bin?
    * in denen ich zu beschäftigt bin?
    * in denen ich hektisch bin?
    * in denen ich von anderen Dingen besetzt bin?
• Alltagsdinge oder Karten werden im Gespräch den biblischen Symbolen (Schalen) zugeordnet. (Hausaufgabenheft, Kalender, Diskette, Kopfhörer, Fernsehzeitung, Scherben …)
	Symbole oder Karten

Impuls zur Einzelarbeit:
• Kinder erarbeiten sich eigene, konkrete „Pflegehinweise", damit Gottes Wort bei ihnen ankommen und wachsen kann:
    * Welches ist der beste Ort und die beste Zeit in meinem Tages- und Wochenablauf, dass Gott mich ansprechen kann?
    * Wie bereite ich mich vor?
    * Welche Atmosphäre brauche ich? *(Kerze anzünden, Gebetsecke, Tagesrückblick)*
    * Welche Zeiten und Orte haben wir in unserer Familie für Gott reserviert?
    * Welche Bedeutung hat für mich der Sonntag?
    * Welche Vorschläge und Ideen hast du, damit du guter und vorbereiteter Boden für Gottes Wort sein kannst?
	Arbeitsblatt mit den Fragen, Stifte für jedes Kind

Praktische Umsetzung: • Jedes Kind gestaltet einen Blumentopf, auf dem die Idee des „Pflegehinweises" festgehalten wird. Die Kinder befüllen die Blumentöpfe mit Blumenerde.	*Blumentöpfe für alle Teilnehmenden des Familientages oder für jede Familie; Blumenerde, Materialien zur Blumentopfgestaltung (Serviettentechnik, Eddings, Glasmalfarben, Terracottastifte)*

13-17 Jahre

Schritte	Material
Möglichkeiten zum Einstieg: • A – Arbeit mit Baumschwarten 　　* Die Jugendlichen erhalten die Kopiervorlage eines Baumes. Sie schreiben an den Baum, welche Funktion jeder Teil des Baumes hat, tauschen sich darüber aus und ergänzen entsprechend. • B – Selbst gestaltete Baumzeichnung 　　* Die Jugendlichen erhalten ein leeres Blatt, malen darauf einen Baum und schreiben an diesen, welche Funktion jeder Teil des Baumes hat, tauschen sich darüber aus und ergänzen entsprechend.	*Baumschwarten=quer zu den Ringen geschnittene Baumscheibe mit Rinde* *Kopiervorlage, Stifte* *Papier A3, Stifte* *(Evtl. können sich die Jugendlichen mit diesem Arbeitsauftrag im Garten einen Platz am Baum suchen.)*
• Imaginationsübung *(Standort im Raum suchen, im Hintergrund leise Musik)*: Ich als Baum – sich hinstellen – guten Stand finden – Augen schließen – Füße am Boden spüren – Halt finden – den Wurzeln nachspüren – Kraft im Körper/Stamm bekommen – Augen öffnen – Arme ausbreiten zu Ästen – Finger lang machen zu Zweigen – sich hochrecken – wachsen wollen – sich wiegen im Wind – Früchte mit den Fingern formen – Früchte abwerfen – alles ausschütteln – *(alle setzen sich wieder in den Stuhlkreis)*	*CD Spieler, Meditationsmusik oder ruhige Musik (Taizé, Enya etc.)*
Gesprächsimpuls: • Menschen haben schon immer in Bäumen auch das Sinnbild des Lebens oder des eigenen Wachsens gesehen. Zur Geburt eines Kindes oder zur Taufe wird oft ein Baum gepflanzt. Eltern oder Freunde verbinden damit den Wunsch, dass das Kind gut heranwachsen möge und wie der Baum in gutem Boden gut gedeihen kann. Man spricht vom Stammbaum, wenn man die Herkunft in einer Familie beschreiben möchte. Es werden alle Verästelungen der Familie aufgezeichnet und jeder hat seinen Platz. Wir sprechen davon, dass Menschen heranwachsen, zur Reife gelangen und Frucht bringen sollen. • Dazu braucht der Mensch guten Boden – gute Bedingungen – um wachsen zu können und hält mit zunehmendem Alter Ausschau danach, wie er die guten Früchte mit gestalten kann, wo Sonne und Nährstoffe ihm geschenkt werden und worauf er sich verlassen kann. Der Psalmbeter sagt: „Selig, der sich an Gottes Weisung hält, er ist wie ein Baum am Wasser gepflanzt." 　　* Wo ist mein Standort? 　　* Was lässt mich wachsen? 　　* Was brauche ich? 　　* Stehe ich auf gutem Boden?	*Fragen als Arbeitsblatt, Stifte* *Dazu kann Hintergrundmusik genutzt werden.*

Alles muss klein beginnen

<ul><li>* Wo will ich hin wachsen?</li><li>* Wo sind für mich Sonne, Regen, Nährstoffe?</li><li>* Nehme ich alles auf oder unterscheide ich nach guten und giftigen Nährstoffen?</li><li>* Was kratzt an meiner Rinde?</li><li>* Was macht mir Luft? Was engt mich ein?</li><li>* Wo will ich hinwachsen? Über mich selbst hinauswachsen? Die Weite des Himmels spüren?</li></ul>	

Die Jugendlichen halten ihre Gedanken zu ihrem eigenen Leben in einer Einzelarbeit dazu fest:
 	
• A – Arbeit mit Baumschwarten
   * Die Jugendlichen gestalten die Baumschwarte und halten ihre Gedanken mit unterschiedlichen Farben fest.
 	
• B – Selbst gestaltete Baumzeichnung
   * Die Jugendlichen halten ihre Gedanken auf ihrer Baumzeichnung fest und gestalten ihr selbst gemaltes Baumbild zu Ende.
	große Baumscheiben (Schwarten), Ölpastellkreiden evtl. Eddings
	
	Stifte, Farben

Die Gruppe versammelt sich nochmals im Stuhlkreis • Gebet: Guter Gott, wie aus einem kleinen Kern ein großer Baum wird, so hast du mit jedem Menschen etwas Großes vor. Du sagst zu uns: ‚Ich bin dir nah, nimm meine Angebote zum Wachsen an und lass mich die Sonne für dich sein, dann bist du wie ein Baum, der am Wasser gepflanzt ist.' Lass uns dir vertrauen, damit Früchte reifen, wo wir es nicht für möglich halten. Amen.	
• Singen des Liedes: „Du gibst meinen Schritten weiten Raum"	*Liedblatt*

Erwachsene

Schritte	Material

• In der Stuhlkreismitte liegen vorbereitet vier Felder entsprechend den Böden aus dem Sämann-Gleichnis, z.B. mit vier Tüchern:
    * Feld 1: Hellbraunes Tuch für den festgetretenen Weg im Gleichnis, evt. einen Erdklumpen darauf
    * Feld 2: Graues Tuch für die Felsen im Gleichnis, evt. ein paar Steine darauf
    * Feld 3: Rotes Tuch mit evt. Dornenzweigen oder Zweigen von einer Hecke
    * Feld 4: Dunkelbraunes Tuch für den guten Boden, evt. etwas Blumenerde oder Mutterboden darauf
	vier Tücher oder Papierbögen evt. Erdklumpen, Steine, Zweige, Blumenerde

• Erwachsene versammeln sich im Stuhlkreis und Katechetin liest Gleichnis vom Sämann vor.
• Gespräch zu zweit über das eben gehörte Gleichnis. Als Impulse eignen sich vielleicht die folgenden Stichworte:
    * Fülle
    * Frucht bringen
    * Vergeblichkeit
    * Gelassenheit
    * Hören
    * Säen
	Bibel Lk 8,4-8,
	
	Kopie des Bibeltextes für alle

• Impulse zur Gruppenarbeit:
    * Wir hörten von einem Sämann, der in Fülle austeilt, einiges fällt auf den festgetretenen Weg, anderes zwischen die Steine, ein Teil der Saat in die Dornen und schließlich auch einiges auf den guten Boden, das bringt viel Frucht
    * Jesus erzählt das Gleichnis, um zu verdeutlichen, wie Gottes Wort in die Welt kommen möchte, er erzählt, wie es in unseren Familien ist, manchmal wundern wir uns, weil schon unser eigenes „Wort" nicht ankommt, geschweige zum Wachsen kommt. Wo erleben Sie Situationen, wo etwas festgetreten, verhärtet ist oder gut am Wachsen oder wie zugestrüppt oder wie zwischen den kalten Steinen? Wo kann etwas gut wachsen?	

• Katechetin teilt reichlich A6 Karten oder Zettel und Stifte aus und lädt Erwachsene dazu ein, sich in Dreiergruppen zu finden, jeder für sich erst einmal zwei Situationen aufzuschreiben und darüber dann in den Austausch zu kommen (ca. 20 min Zeit lassen); bitte in der Kleingruppe einen ausmachen, der ganz kurz zusammenfasst, was wichtig im Gespräch war. • Erwachsene kommen wieder im Stuhlkreis zusammen, einer aus jeder Kleingruppe fasst kurz die Gedanken zusammen, Eltern legen ihre Karten auf dem jeweils passenden Feld in der Mitte ab	Karten oder Papier in A6 in ausreichender Anzahl, Stifte

Alles muss klein beginnen

• Zusammenfassung durch Katecheten:
     * Wir merken im Alltag, dass Vieles gut am Wachsen ist, dass Manches andere wächst, als wir es uns vorstellen, dass manche Worte von uns auf scheinbar verhärteten Boden fallen oder Wünsche von uns nicht wahrgenommen werden, wir wissen um Gottes Angebote, und doch scheint sein Wort oft im Alltag unterzugehen. Gibt es mögliche Schritte zum Bereiten des guten Bodens, die wir noch nicht entdeckt haben?
     * Was bringt uns Gelassenheit, damit wir uns nicht unter Druck gesetzt fühlen?	

Möglicher Einschub:
 • Katechetin teilt Schema der Bedürfnispyramide nach Maslow aus und klärt Erkenntnisse im gemeinsamen Gespräch:
     * als Hintergrundwissen gut geeignet, um in manchen Situationen sagen zu können: ‚Jetzt ist einfach was anderes erst mal dran.'; ‚Später ist mehr drin!'; Druck nehmen
 • Dafür bedarf es einer intensiveren Vorbereitung!!!
 Weitere Informationen finden Sie unter:
     http://de.wikipedia.org/wiki/Maslowsche_Bedürfnispyramide
     http://arbeitsblaetter.stangl-taller.at/MOTIVATION/Beduerfnisse.shtml
	Kopien oder Folie,
	 Schema „Bedürfnispyramide nach Maslow"

• Jeder Erwachsene erhält Papier (z.B. ein längs geteiltes Blatt A4), gestaltet für sich selbst eine „Samentüte" und notiert darauf ein Vorhaben, was in nächster Zeit besonders gut „gepflegt" werden soll.
     * Was soll neu wachsen – bei mir, in meiner Familie?
     * Was sind notwendige Pflegeanleitungen dazu?
 • Nach dem Aufschreiben wird daraus eine Tüte gefaltet.
 • Die Ergebnisse werden nicht besprochen, jeder nimmt die Samentüte für sich zur „Aussaat" mit nach Hause.
	gefaltete Papiertüte oder Briefumschlag, Stifte
	 Als Beispiel dient eine Blumensamentüte, die dortigen Angaben sind übertragbar.

Der Katechet legt jedem einige Samenkörner in die Tüte und verbindet diese mit einem Wunsch.	*Blumensamenkörner* *Tipp: Chinesische Wunderblume*

Liturgische Bausteine

Schritte	Material
Lied: Wer sich auf Gott verlässt	Evtl. lasssen sich die Strophen mit Meditationsbildern untermalen.
• Die Kinder zeigen noch mal, wie der Same aufgeht und wächst.	
Gleichnis vom Sämann	
Lied: Alles muss klein beginnen	Liedblatt
• Kinder der mittleren Gruppe bringen die Blumentöpfe und alle stecken ihre Samenkörner vom Beginn hinein. • Die Familien nehmen die Blumentöpfe mit nach Hause.	
Lied: Du stellst meine Füße auf weiten Raum	Liedblatt

Materialien

Die Geschichte vom Laden

Eine Frau träumte, dass sie auf dem Marktplatz ihrer kleinen Stadt ein Geschäft betrat, welches offensichtlich dort neu eröffnet hatte. Als sie sich umschaute, war sie überrascht, dass ein Engel hinter dem Ladentisch stand.

„Was kann man hier kaufen?" fragte die Frau.

„Alles, was dein Herz begehrt", sagte der Engel.

Die Frau konnte kaum glauben, was sie hörte und dachte eine Weile nach.

Dann sagte sie: „Ich möchte innere Zufriedenheit und Mitgefühl, Weisheit und Angstfreiheit."

Nachdem der Engel schwieg, sagte sie: „Und Gerechtigkeit und Aufrichtigkeit und Wertschätzung."

Nach einer kleinen Weile fügte sie hinzu: „Nicht nur für mich. Für alle Lebewesen auf dieser Welt."

Der Engel lächelte: „Ich glaube, hier liegt ein kleines Missverständnis vor.

Wir verkaufen hier keine Früchte. Nur die Samen."

Der Laden

Text: aus CD von Gerhard Schöne „Die Sieben Gaben" c/o Gerhard Schöne/BuschFunk Berlin

War es Traum oder wirklich, als ich in dieser Stadt
irgendwo in Gedanken jenen Laden betrat.
Hinterm Tisch dieser Händler wirkte irgendwie fremd,
verbarg mühsam zwei Flügel unterm lichtweißen Hemd.
Das Regal war bis unter die Decke voll mit Tüten und Schachteln bestellt,
doch im Dämmerlicht konnt ich nicht sehen, was die eine, um die andre enthält.

„Nun", ich fragte den Händler: „Was verkaufen Sie hier?".
„Alles, was Sie sich wünschen, alles gibt es bei mir.
Das, wonach Sie sich sehnen. Was Sie froh machen kann,
was Sie schon nicht mehr hofften - alles biete ich an!"

Oh, wie hab ich mich da vor dem Händler mit dem Wünsche-Aufsagen beeilt:
„Sie, ich möchte das Schweigen der Waffen und die Brötchen viel besser verteilt.
Mehr Verstand in die Köpfe, aus den Augen die Gier,
Eltern Zeit für die Kinder, Achtung vor jedem Tier,
helle Zimmer für alle, Arbeit je nach Talent ..."
Als ich Luft holen wollte, sprach er: „Kleinen Moment!
Sicher haben Sie mich falsch verstanden. Wie ich hör, wolln Sie Früchte von mir.
Ach, nein, nein, ich verkauf keine Früchte, nur die Samen dafür ..."

Alles muß klein beginnen

Text: aus CD von Gerhard Schöne „Du hast es nur noch nicht probiert" c/o Gerhard Schöne/BuschFunk Berlin

Al-les muss klein be - gin-nen, lass et-was Zeit ver - rin-nen.
Es muss nur Kraft ge - win-nen und end-lich ist es groß.

1. Schau dir nur dies Körn - chen, ach, man sieht es kaum,
2. Schau die fei - ne Quel - le zwi - schen Moos und Stein,
3. Schau die leich - te Flo - cke, wie sie tanzt und fliegt
4. Manch - mal denk ich trau - rig: "Ich bin viel zu klein!

1. gleicht bald ei - enm Gras - halm. Spä - ter wird's ein Baum.
2. sam - melt sich im Ta - le, um ein Bach zu sein.
3. bis zu ei - nem Äst - chen, das un - term Schnee sich biegt.
4. Kann ja doch nichts ma - chen!" Und dann fällt mir ein:

1. Und nach vie - len Jah - ren, wenn ich Rent - ner bin,
2. Wird zum Fluss an - schwel - len, fließt zur Ost - see hin,
3. Lan - det da die Flo - cke und durch ihr Ge - wicht
||: 4. Erst ein - mal be - gin - nen. Hab ich das ge - schafft,
   Und dann seh ich stau - nend: Ich bin nicht al - lein.

1. spen - det er mir Schat - ten, singt die Am - sel drin.
2. braust dort ganz ge - wal - tig, singt das Fisch - lein drin:
3. bricht der Ast her - un - ter; und der Ra - be spricht:
4. nur nicht mut - los wer - den, dann wächst auch die Kraft. :||
   Vie - le Klei - ne, Schwa - che sim - men mit mir ein:

Alle guten Gaben

T. und M.: Paul Ernst Ruppel

Al-le gu-ten Ga-ben, al-les, was wir ha-ben, kommt, o Gott, von dir. Dank sei dir da - für!

Wer sich auf Gott verlässt

T.: Rolf Krenzer – M.: Detlev Jöcker, aus: Das Liederbuch zum Umhängen I
©Menschenkinder Verlag u. Vertrieb GmbH, Münster

Wer sich auf Gott ver-lässt, auf Gott, den Herrn, al - lein, der ist wie ein Baum am Was-ser ge-pflanzt. So wird er ge-seg-net sein. Ja, so wird er ge-seg-net sein.

2. Wer sich auf Gott verlässt,
   auf Gott, den Herrn, allein,
   der ist wie ein frisches Blatt an dem Baum.
   So wird er …

3. Wer sich auf Gott verlässt,
   auf Gott, den Herrn, allein,
   der ist wie ein Vogelkind in dem Nest.
   So wird er …

4. Wer sich auf Gott verlässt,
   auf Gott, den Herrn, allein,
   der ist wie die Blume, die zart erblüht.
   So wird er …

5. Wer sich auf Gott verlässt,
   auf Gott, den Herrn, allein,
   der ist wie die Sonne strahlend hell.
   So wird er …

6. Wer sich auf Gott verlässt,
   auf Gott, den Herrn, allein,
   der ist wie ein Licht, das scheint durch die Nacht.
   So wird er …

7. Wer sich auf Gott verlässt,
   auf Gott, den Herrn, allein,
   der ist wie ein Kind bei den Eltern im Arm.
   So wird er …

8. Wer sich auf Gott verlässt, auf Gott, den Herrn, allein,
   der ist wie ein Korn, das aufgeht und wächst. So wird er …

Entwicklung meiner „Pflegehinweise"

**Welches ist der beste Ort und die beste Zeit
in meinem Tages- und Wochenablauf, dass Gott mich ansprechen kann?**

Wie bereite ich mich?

Welche Atmosphäre brauche ich?

Welche Zeiten und Orte habt ihr in eurer Familie für Gott reserviert?

Welche Bedeutung hat für dich der Sonntag?

**Welche Vorschläge und Ideen hast du,
damit du guter und vorbereiteter Boden für Gottes Wort sein kannst?**

Alles muss klein beginnen

„Selig, der sich an Gottes Weisung hält,
er ist wie ein Baum am Wasser gepflanzt."

Wo ist mein Standort?

Was lässt mich wachsen?

Was brauche ich?

Stehe ich auf gutem Boden?

Wo will ich hin wachsen?

Wo sind für mich Sonne, Regen, Nährstoffe?

**Nehme ich alles auf
oder unterscheide ich nach guten und giftigen Nährstoffen?**

Was kratzt an meiner Rinde?

Was macht mir Luft? Was engt mich ein?

**Wo will ich hinwachsen – über mich selbst hinauswachsen –
die Weite des Himmels spüren?**

Du stellst meine Füße auf weiten Raum

T. und M.: Fabian Vogt

Intro: Dab, dab, du-a, da, ba, da, dab, dab, da, da, ba, du, dab, dab, da, ba, du, da, Dab, dab, du-a.

Du stellst meine Füße auf weiten Raum, ich fass es kaum, wie du mich liebst. Du schenkst meinen Schritten die Leichtigkeit, die mich befreit, weil du mir Hoffnung gibst.

1. Nah an meinen Grenzen, bleib ich zögernd stehn,
   wage nicht, nach vorne, aus mir raus zu gehn.
   Du hörst meine Stimme, du bist meine Kraft,
   eh ich mich versehe, hab ich es geschafft.

2. Ich seh all die Chancen, Gott, in deiner Welt,
   Seh auch die Gefahren, doch sie schrecken nicht,
   Leben zu verändern, dass es sich erhellt.
   Über allen Wegen strahlt dein Angesicht.

3. Ich will neu erkennen, wo ich helfen kann,
   denn an deiner Seite fängt die Zukunft an.
   Ganz bei dir geborgen, singe ich jetzt laut;
   Der ist voller Freude, der auf dich vertraut.

Spiele zum Thema:

Obstkorb: Ein Kreisspiel, bei dem immer 4-6 Personen eine Obstsorte darstellen. Ein Spieler in der Mitte ruft zwei Obstsorten auf, die betreffenden Spieler müssen die Plätze tauschen. Auch der Spieler in der Mitte versucht, einen freien Platz zu erwischen. Wer keinen findet, ruft die nächsten Obstsorten auf.
Ruft der Spieler in der Mitte „der Obstkorb fällt um", müssen sich alle einen neuen Platz suchen.

Pizza backen: Eltern und Kinder spielen gemeinsam: möglichst je ein Erwachsener und ein Kind spielen zusammen, es geht aber auch mit mehreren Kindern.
Ein Erwachsener erklärt die Aufgabe:
„Eine Pizza soll gebacken werden. Zunächst muss der Teig bereitet werden. Dazu wird der Teig (das Kind) kräftig geknetet. Nach einiger Zeit muss der Teig ausgerollt werden *(von der Körpermitte aus über Arme, Beine, Nacken »ausstreichen«)*. Dann wird die Tomatenpaste aufgestrichen *(mit den Händen über den Rücken streicheln)*. Nun folgt der Belag: Belegen mit Salamischeiben oder Broccolistückchen hat sicher ganz unterschiedliches Vorgehen *(Empfinden)* für den »Pizzateig« zur Folge. Am Schluss wird der Käse über die Pizza gestreut und rieselt sanft auf den »Belag«.
Alle Erwachsenen können nun zusammen einen »Pizzaofen« bilden, indem sie sich zu zweit gegenüberstellen und die Hände fest verschränken. Ein Elternteil legt nun die erste »Pizza« in den »Ofen«, die sanft »gebacken« *(geschaukelt)* wird.

Bauernhof: Alle Mitspielenden sitzen im Kreis und erhalten eine Rolle; möglich sind: Bauer, Bäuerin, Knecht, Magd, Kuh, Pferd, Huhn/Hühner. Eine Erwachsener liest die Bauernhofgeschichte vor. Jedesmal, wenn die oben genannten Bezeichnungen genannt werden (im Text fett gedruckt), müssen die entsprechenden Mitspielenden aufstehen und eine Runde um die ganze Gruppe laufen. Fällt der Begriff »Bauernhof«, stehen alle Mitspielenden auf, verbeugen sich und rufen: »Danke für die gute Ernte«. Viel Spaß! Möchten Sie mit ein oder zwei kleineren Kindern allein spielen, können Sie die Umrisse von Bauer, Bäuerin usw. auf ein großes Blatt zeichnen. Die Kinder können dann je einen Finger in Fingerfarbe tauchen und beim Erzählen auf die Figuren tippen.

Die Bauernhofgeschichte

Auf einem **Bauernhof** lebte ein **Bauer** mit seiner **Bäuerin**, seinem **Knecht** und der **Magd** und mit vielen, vielen Tieren. Darunter gab es **Pferde**, Katzen, Mäuse, Schweine, **Hühner** und natürlich auch eine dicke, gemütliche **Kuh**. Der **Bauer** versorgte die Tiere gut, **Knecht** und **Magd** halfen ihm. Und wenn das Wetter gut war, dann wurde auf dem Feld kräftig gearbeitet. Die **Bäuerin** sorgte derweil, dass der **Bauernhof** recht schmuck und gepflegt blieb. Eines Tages nun, die Ernte war eingebracht, sprach der **Bauer**: »Wir wollen auf unserem **Bauernhof** ein schönes Fest feiern!« **Magd** und **Bäuerin** begannen, einen Festschmaus zu bereiten, den Hof mit Girlanden zu schmücken und viele Leute einzuladen. Der **Knecht** aber sprach zum **Bauern**: »Wollen wir nicht für das **Pferd** und die **Kuh** bunte Bänder herbeiholen und ihnen Schleifen um die Schwänze winden?« Das fand der **Bauer** eine ausgezeichnete Idee. Flugs ging er ins Haus und sprach zu seiner Frau: » **Bäuerin** «, sagte er, » **Bäuerin**, gib mir von deinen bunten Bändern. Der **Knecht** und ich, wir wollen **Kuh** und **Pferd** schmücken!« Die **Magd** hatte dies gehört. Sie lief schnell zum Nähkorb und holte die bunten Bänder. Dabei erwischte sie versehentlich auch die Perlenkette der **Bäuerin**. Doch sie merkte es nicht. »Danke«, sprach der **Bauer** zu **Magd** und **Bäuerin**, »nun will ich schnell zurück zum **Knecht**, denn das **Pferd** und die **Kuh** halten sicher nicht mehr lange still. Sie wollen aus dem Stall und hinaus aufs Feld.«

Als der **Bauer** nun über den Hof schritt, gackerten die **Hühner** laut. Sie stoben wild auseinander und schauten aus einiger Entfernung zu, wie der **Bauer** den Pferdestall betrat. Als das Stalltor hinter dem **Bauern** zufiel, gerieten die **Hühner** noch mehr in Aufregung. »Was macht der **Bauer** mit den bunten Bändern? Was tut er mit der Perlenkette?« Und aufgeregt begannen alle **Hühner** durcheinander zu gackern. »Wir wollen sehen, was im Stall geschieht!«, riefen die ältesten **Hühner**. Alle **Hühner** begannen mit den Flügeln zu schlagen. Durch ein Loch in der Holzwand flatterten sie, ein **Huhn** nach dem anderen, in den Pferdestall.

Der **Knecht** war gerade dabei, eine wunderschöne Schleife in den Schwanz der **Kuh** zu flechten. Da sprangen die ersten **Hühner** der **Kuh** auf den Kopf. »Gack, gack,« riefen sie und pickten auf das Horn der **Kuh**. »Schön bist du, schön! So schön möchten wir auch sein für das Fest auf dem **Bauernhof**!« Der **Knecht** hatte die **Hühner** zuerst gar nicht bemerkt, doch als die **Kuh** vor Schreck austrat und das **Pferd** einen überraschten Hüpfer zur Seite machte, wurden er und der **Bauer** auf die **Hühner** aufmerksam. Schnell scheuchten **Bauer** und **Knecht** die **Hühner** aus dem Stall. Ein **Huhn** aber zog mit der Kralle die Perlenkette hinter sich her, hin zum Hühnerstall. Vom Lärm auf dem Hof wurden **Bäuerin** und **Magd** aufmerksam.

» **Magd**, was tun **Bauer** und **Knecht** dort auf dem Hof? Müssen wir ihnen helfen?«, fragte die **Bäuerin**. Schnell legten sie die Kochlöffel beiseite und eilten auf den Hof. Sie sahen zwar alle **Hühner** über den Hof flattern, die Perlenkette aber sahen sie nicht. Im Stall nun hatten sich **Bauer**, **Knecht**, **Pferd** und **Kuh** wieder beruhigt. Mit schön geschmückten Schwänzen standen die Tiere dort. »Hübsch habt ihr das gemacht,« sagte die **Bäuerin**, »nun wollen wir aber schnell das Essen fertig machen, liebe **Magd**, denn gleich kommen die Gäste zum Fest auf den **Bauernhof**!«

Die Tiere wurden auf den Hof geführt. Da kamen auch schon die ersten Gäste. Die **Hühner** aber gackerten und schimpften laut miteinander. Jedes **Huhn** wollte die Perlenkette haben. Wie sie nun alle daran zogen, riss das Band der Kette mit einem kleinen Knall entzwei. Alle Perlen kullerten über den Hof. Das **Pferd** machte einen erschrockenen Hopser. Die **Kuh** aber begann vor Schreck zu laufen. Sie lief und lief. Und plötzlich glitt sie auf den Perlen aus. Sie schlitterte immer schneller; und immer weniger konnte sie sich halten. Und wohin schlitterte sie? Oh Schreck: mit einem lauten und krächzenden »Mmmuuuhhh« hinein … in den Misthaufen! Das sah so komisch aus, dass alle Gäste lachen mussten.

Doch dann rief der **Bauer**: »Jetzt müsst ihr alle helfen, die **Kuh** wieder frei zu bekommen!« Eine lange Kette wurde gebildet: zuerst der **Bauer**, dann der **Knecht**, dann die Gäste, hintendran die **Magd**. Aber trotz allem Ziehen und Zerren konnten sie die **Kuh** nicht aus dem Misthaufen befreien. Da hatte die **Bäuerin** eine Idee: »Haltet euch an den Bändern im Schwanz des **Pferdes** fest, es wird euch helfen.« Und tatsächlich: mit viel »Hauruck« wurde die **Kuh** aus dem Misthaufen befreit. Die **Hühner** hatten dem Treiben mit schlechtem Gewissen zugesehen. Schnell beschlossen sie, die Perlen aufzupicken, damit nicht noch mehr Unglück geschehen konnte. Als nun die Gäste und die Bewohner des **Bauernhofes** sich wieder zum Feiern versammelten, sahen sie, dass alle **Hühner** ihre Krallen mit den hübschen Perlen geschmückt hatten. Und nachdem auch die **Kuh** wieder gesäubert worden war, konnten **Bauer** und **Bäuerin**, Gäste und Tiere ein wirklich schönes Fest feiern. Am Ende des Tages sagten alle: »Das war ein wirklich schöner Tag auf dem **Bauernhof**!«

Alles muss klein beginnen

Alles muss klein beginnen

Gott kommt zu Gast

Kurzdarstellung

Den Familientag „Gott kommt zu Gast" kann man als kleine Schule der Gastfreundschaft betrachten, nicht so sehr in einem kulturellen, sondern im ganz persönlichen Sinn. Ort der Gastfreundlichkeit ist der Gemeindesaal, dem durch das Vorbereitungsteam die Anonymität genommen wurde. Eine freundliche Begrüßung sammelt zu Beginn des Tages die Teilnehmenden im Stuhlkreis. Dort werden sie mit Abraham und seiner Geschichte vertraut gemacht.

Anschließend wird in den Altersgruppen näher auf Gottes Besuch bei Abraham geschaut und etwas für das gemeinsame Mahl vorbereitet. Dort treffen sich dann alle wieder. Die Rollen von Gastgeber und Gast können wechseln. Entscheidend ist, dass Begegnung ermöglicht wird.

Ein Gottesdienst ist sowohl als Auftakt (dann bietet sich die Lesung Gen 18, 1-15 mit einer entsprechenden Einführung an) als auch als Abschluss in der Kirche nach dem gemeinsamen Mahl möglich.

Theologische und didaktische Aspekte

In den letzten Jahren ist die missionarische Dimension der Kirche neu in den Blick geraten (Die deutschen Bischöfe 68 „Zeit zur Aussaat" 2000). Vielfältige Initiativen zur Neuevangelisierung gibt es, dennoch ist der Alltag vieler Gemeinden von einem großen Aufbruch weit entfernt. Für die meisten Familien besteht das Glaubenszeugnis oft schon darin, als Christen in der Zerstreuung überhaupt am Gemeindeleben teilzunehmen.

Der Familientag „Gott kommt zu Gast" soll eine Anregung sein, aufmerksam für Gottes Wirken zu werden. Denn damit beginnen Mission, Evangelisierung und Weitergabe des Glaubens. Nach dem prophetischen Wort Karl Rahners über den Christen von morgen wird der etwas weiterzugeben haben, der auch etwas erfahren hat. Die Zielperspektiven katechetischen Lernens tragen dem Rechnung und formulieren für den Bereich ‚Martyria' als Ausgangspunkt: „Sich öffnen für die Begegnungen mit dem lebendigen Gott im Hören auf Gottes Wort und im Gespräch darüber."

Eine intensive Form der Begegnung ist der Besuch. Manche Gäste erwartet man sehnlichst, andere fordern heraus, wieder andere sind als ungebetene Besucher zu ertragen. Ein Gast verändert den Alltag.

Die Kultur der Gastfreundschaft stellt einen hohen Wert dar. In der Bibel finden wir dafür viele Beispiele. Am Familientag steht der geheimnisvolle Besuch der drei Männer bei Abraham im Mittelpunkt (Gen 18 1-15). Abraham erkennt in den Gästen den Herrn. Dieser Besuch bleibt nicht ohne Folgen für Abraham. Er bekommt eine Verheißung und erlebt die Erfüllung.

Die Katechesen gehen der Frage nach: „Wo besucht uns Gott heute?" Auch uns ist seine Gegenwart verheißen. In den Altersgruppen kommen die Teilnehmenden darüber ins Gespräch. Die Beschäftigung mit Gott als Gast führt über den persönlichen Bezug hinaus. Wenn Gott zu mir spricht, bei mir zu Gast sein will, dann will er das auch in der Gemeinde.

Wenn Gott bei uns zu Gast ist, dann können wir auch andere einladen. Wie wichtig dabei unsere Gastfreundschaft ist, macht Bischof Wanke deutlich: „Es gibt zunehmend auch Zeitgenossen, die nach dem „Eingang" fragen, der in die Kirche hineinführt. Es ist entscheidend, wen sie an diesem Eingangsbereich treffen. Es wird wichtiger werden als bisher, wie sie dort empfangen werden."

Vorbereitung

Der Raum des gemeinsamen Beginns wird zum Schauplatz der biblischen Geschichte, deshalb wird mit großen Tüchern ein Zelt angedeutet. Decken und Kissen laden ein, Platz zu nehmen. Ein Teekessel und Teeschalen, ein Wasserkrug weisen auf die orientalische Welt hin, in der die Abrahamgeschichte spielt.

Ziele

4 – 8 Jahre: Die Kinder lernen Abraham als einen Menschen kennen, der auf Gottes Stimme hört. Sie erfahren, dass Abraham ein gastfreundlicher Mensch ist. Sie erkennen, dass Gott auch durch andere (fremde) Menschen zu uns sprechen kann. Die Kinder bereiten miteinander ein gemeinsames Essen für alle vor.

9 – 12 Jahre: Die Kinder lernen Abraham als einen gastfreundlichen Menschen kennen, der auf Gottes Stimme hört. Sie erkennen, dass Gott auch heute zu uns spricht – in den Worten der Heiligen Schrift, aber auch durch andere (fremde) Menschen.

13 – 17 Jahre: Die Jugendlichen lernen die Tugend der Achtsamkeit kennen.

Erwachsene: Die Erwachsenen lernen Abraham und Sara als Menschen kennen, die ihren Lebensweg mit Gott gegangen sind. Sie erkennen: Gott ist auch mit mir unterwegs.

Ablauf

Einstieg für alle Teilnehmenden

Schritte	Material
Das Thema Gastfreundschaft findet sich gleich in einer feierlichen Begrüßung wieder: Die Teilnehmenden werden mit einem kleinen Stück Brot und etwas Salz begrüßt.	*Brot, Salz*
• Wenn die Runde vollzählig ist, greift der Leiter/die Leiterin des Familientages diese Geste auf und erzählt von der Bedeutung dieser Begrüßung oder lässt dies von Menschen erzählen, denen dies vertraut ist (Aussiedler, Migranten). Es schließen sich je nach Vertrautheit der Gruppe weitere Begrüßungsspiele an: • Beispiel: Internationale Begrüßung 　　＊ Indien: mit gefalteten Händen voreinander verneigen 　　＊ Spanien: auf die Wange küssen 　　＊ China: aufeinanderlegen der Hände 　　＊ Äthiopien: die dargebotene Hand berühren 　　＊ Muslime: von der Nase zum Nabel mit der Hand streichen: Salam 　　＊ Eskimos: Nase aneinander reiben ….	
Lied: Komm herein und nimm dir Zeit	*Liedblatt*

Der Katechet/die Katechetin geht nun zum gestalteten Platz und setzt sich auf ein Kissen. Dann stellt er/sie erzählend die große Geschichte Abrahams vor: • Die Geschichte Abrahams ist die Geschichte einer großen Sehnsucht. Sie versetzt uns in die orientalische Welt vor 3000 Jahren und ist doch auch unsere eigene Geschichte. • Abraham, ein Beduine im Nahen Osten, wird von Gott angesprochen. Ihm wird in Aussicht gestellt, dass er Vater einer großen Familie werden soll, so zahlreich wie der Staub auf der Erde (Gen 13,16). • Dazu muss sich Abraham auf den Weg machen, ins Ausland gehen, sich mit den dort lebenden Leuten auseinandersetzen. In Ägypten meint er mit einer Notlüge sein Leben auf Kosten seiner Frau Sara retten zu können (Gen 12, 10-20), er streitet sich mit seinem Neffen Lot um die Weideplätze und in Salem begrüßt ihn der dortige Hohepriester Melchisedek mit Brot und Wein (Gen 14).	
• Bei all den Abenteuern werden Abraham und Sara alt und die Erfüllung des Kinderwunsches lässt auf sich warten. Da greift Sara zu einem damals üblichen Kunstgriff: Wenn der Stammvater mit einer Magd Kinder hatte, galten sie als seine eigenen. Gesagt, getan und die große Verheißung beginnt mit dem Sohn der Magd Hagar. Doch Gott gibt sich nicht mit Ismael als Sohn 2. Wahl zufrieden, sondern erneuert sein Versprechen. Darüber muss Abraham mit Blick auf sich und seine alte Ehefrau nur noch lachen (Gen 17,17). • Dieses Lachen vergeht ihm aber noch gründlich. Davon werden wir heute noch einiges hören. Denn Abraham bleibt seiner Sehnsucht treu.	
Lied: Abraham, Abraham	*Liedblatt*

4-8 Jahre

Schritte	Material

Gespräch zum Thema „Gastfreundschaft":
 	
     * Ein Gast steht vor der Tür. Die Kinder spielen oder erzählen, wie man verschiedene Gäste empfängt: ein Kind seinen Freund; eine Familie die Tante, die schon so lange nicht da war; der Vater seinen Chef, der zum Abendessen kommt; die Lehrerin zu einem Hausbesuch; einen Fremden …
 	
     * Wie ist das bei euch zu Hause, wenn Gäste kommen?
 	
     * Es wird sicher deutlich, wie unterschiedlich Gäste behandelt werden …	

Lied: Funga alafia, ashe, ashe. übersetzt: Ich öffne mich, ich grüsse dich, ich freue mich.	*Noten und Tanzbeschreibung siehe Materialanhang*

Biblische Botschaft: Abraham bekommt Besuch von Fremden
 	
• Biblische Erzählung evtl. mit Schauplatzgestaltung oder Kees de Kort Bildern.
• dabei aufnehmen, was den Kindern von der Einführungsszene in Erinnerung ist
• ausschmückende Elemente einbeziehen:
    * Wie etwa muss man sich die Mahlbereitung in einem Beduinenzelt vorstellen?
    * Was hat der Besuch so lange gemacht?
• nachbereitendes Gespräch:
    * Gastfreundschaft Abrahams gegenüber den Fremden herausarbeiten
    * Gott spricht durch diese Gäste zu Abraham
	Tücher, biblische Figuren, Legematerial oder Bibelbilderbuch Bd. I
	
	Gen 18, 1-10a

Zusammenfassung: * Abraham hat seine Gäste, obwohl sie ihm ganz fremd waren, mit großer Freundlichkeit aufgenommen. Erst im Rückblick hat er gemerkt, dass Gott selbst in seinen Gästen zu ihm gekommen war.	

Vertiefung:
    * Tischschmuck – etwas für die anderen vorbereiten – evtl. Fremde noch einladen – am Ende gemeinsames Mahl halten – evtl. mit biblischer Tischlesung
    * Tischgebete
	Material für Tischschmuck (Servietten, Kerzenständer, Blumen…)

Wo dies nicht möglich ist: Bilder zur Geschichte malen, für zu Hause Tischschmuck basteln oder etwas backen.	

9-12 Jahre

Schritte	Material

Hinführung/Einstieg – Pantomime:
    * Gäste stehen vor der Tür. Sie werden ganz unterschiedlich empfangen (freundlich-herzlich; vornehm – höflich; zurückhaltend – steif; abweisend – notgedrungen).
• Die Kinder beschreiben, was sie gesehen haben:
    * Welcher Gast könnte gekommen sein (Vermutungen äußern)?
    * Es wird sicher deutlich, dass wir unterschiedlich mit Gästen umgehen …	

• Überleitung – Bibel „ent-decken" d. h. 　* In mehrere Tücher eingeschlagene Bibel aus der Mitte nehmen, herumgeben und jedes Kind ein Tuch aufdecken lassen 　* Bibel in die Mitte legen, Kerze anzünden. 　* „In diesem Buch finden wir Geschichten, die davon erzählen, wie Gott uns besuchen kommt und zu uns spricht."	*Bibel, Tücher, Kerze*
• Biblische Botschaft – Gott kommt zu Besuch (Gen 18, 1-10a) 　* bei entsprechender Vorbereitungszeit als Rollenspiel, ansonsten Lesespiel	*Kulisse: Zelt, Beduinenkleidung, Teekessel, flache Schalen etc.*
• Erarbeitendes Gespräch in Anknüpfung an die Einführung 　* Abrahams Verhalten charakterisieren, einschätzen 　* Wen empfängt Abraham (drei Fremde /der Herr)? 　* Wie sprechen sie miteinander? 　* Was bringt Abraham dazu, in seinen Gästen den Herrn zu erkennen? • Grundvoraussetzung für die Begegnung Abrahams mit Gott ist seine Offenheit und Gastfreundschaft.	
• Vertiefung – Gott kam zu Abraham zu Gast. Er spricht ihn an. 　* Gilt das auch heute, für mich? Spricht Gott zu mir? 　* Worte aus der Bibel liegen aus; möglichst Verse, in denen Gott Menschen anspricht 　　(evtl. auch Aussprüche von „berühmten" Menschen, die etwas vom Angesprochensein durch Gott erzählen) 　* Kinder suchen sich etwas „Ansprechendes" aus 　* In einem Anhörkreis teilen sie sich mit, was sie angesprochen hat 　* Leiter nennt Quellen - Aktualität wird deutlich 　* Gott können wir auch heute im anderen Menschen und in seinem Wort begegnen.	*Bibelverse (ohne Quellenangabe)* *Stellenangabe für den Leiter*
• Kreative Gestaltung: 　* Kinder gestalten den ausgewählten Bibelvers, dabei kann der biblische Name durch den eigenen ersetzt werden. 　* Kinder sollten die Möglichkeit haben, einen zweiten Vers zum Verschenken zu gestalten: durch mich spricht Gott zu den andern. 　* Vers kann als Tischkarte für jeden Teilnehmenden (vorher genaue Anzahl feststellen) gestaltet werden mit der Frage auf der Rückseite: Wann erfüllt sich für dich dieser Spruch? 　　Ein Teelicht kann vor oder hinter die Karte gestellt werden.	*Stifte, Papier* *Karton, Teelichter*

13-17 Jahre

Schritte	Material
• Hinführung/Einstieg: 　* Blues hören 　* Geschichte „Der Besucher des alten Jim"	Keb'Mo CD „slow down": „God trying to get your attention" (S. 54) Geschichte (S. 53)
• Überleitung: 　* Aufnehmen der Anregung 　* für den Blues selber Strophen schreiben mit dem, was unseren Tag normalerweise ausfüllt und mit dem Refrain unterbrechen 　* in Vorbereitung der biblischen Geschichte von eigenen Perspektivwechseln erzählen	
• Biblische Botschaft: 　* Wenn Gott unsere Aufmerksamkeit will, dann ist es offensichtlich hilfreich, den Alltag (Tag) zu unterbrechen, eine Pause einzulegen und innezuhalten, damit unsere Achtsamkeit für andere nicht verlorengeht. 　* Wie unvermutet unserer Aufmerksamkeit benötigt wird, lesen wir in der Geschichte von Abraham: 　Abrahams Achtsamkeit für die vorbeiziehenden Fremden Gen 18, 1-10a	Bibeln
Vertiefung I – Einführung in die Meditation: Auch mir sind in dieser Woche viele Menschen begegnet. Ich nehme mir jetzt die Zeit, noch einmal Situationen aufsteigen zu lassen: 　* in Gedanken ziehen die Menschen der letzten Woche an mir vorüber - ich notiere Namen auf einem Blatt 　* ich höre noch einmal die Worte, die ich mit ihnen gewechselt habe, schreibe manche Sätze hinter die Namen 　* ich betrachte das Blatt: Kann ich in den Begegnungen etwas von Gottes Anruf spüren? 　* mit einem andersfarbigen Stift schreibe ich dazu, was Gottes Botschaft darin war	Papier, Stifte,
alternativ Vertiefung II 　* Geschichte Abrahams in unseren Alltag übersetzen und spielen 　* dabei auch als Kontrastgeschichte denkbar: z. B. Abraham schickt die 3 Fremden einfach weiter	
Mitteilungsrunde 　* Unabhängig davon, ob der meditative oder der spielerische Zugang gewählt wurde, schließt sich ein Austausch an: 　Was fördert und was hindert unsere Achtsamkeit für Gott?	

Gott kommt zu Gast

- Gemeinsames Essen mit allen:
    * Die Jugendlichen bringen einen Toast aus, d. h. sie bereiten eine kleine Ansprache vor. Darin erzählen sie ein Beispiel der Achtsamkeit füreinander und für das, was Gott gerade in diesem Augenblick mit uns tun will.

Erwachsene

Schritte	Material
• Hinführung/Einstieg: * Anknüpfung an die Einführung	
• Biblische Botschaft – Abraham und Sara mit Gott unterwegs • Bibelteilen in sieben Schritten Einladen – Lesen – Verweilen – Schweigen – Austauschen – Handeln – Beten	*Bibeltext Gen 18, 1-15* *Schritte zum Bibelteilen in sieben Schritten*

• Vertiefung – Besinnung auf mich selbst mit den Impulsen:
     * Zeit der Verheißung – Was hält Gott für mich bereit?
     * Ort der Begegnung – Wo ist mir Gott nah?
     * Phasen der Erfüllung – Wofür bin ich dankbar?
	Papier mit Beduinenzelt, Stifte, Meditationsmusik, CD-Player

Alternativ zum Bibelteilen können mit den Erwachsenen auch die Schritte für die Gruppe der 13-17jährigen gegangen werden.

Materialien

Bibel-Teilen in sieben Schritten

1. Einladen
Wir werden uns bewusst, dass der Herr in unserer Mitte ist.
Wer möchte dies in einem Gebet zum Ausdruck bringen?

2. Lesen
Wir schlagen in der Heiligen Schrift das Buch Genesis, Kapitel 18, Verse 1-15 auf.
(Wenn alle aufgeschlagen haben:) Wer möchte die Verse vorlesen?

3. Verweilen
Wir suchen nun Worte oder kurze Sätze aus dem Text heraus und sprechen sie mehrmals laut und betrachtend aus. Dazwischen legen wir kurze Besinnungspausen ein.
(Danach:) Wer möchte den Text noch einmal im Zusammenhang vorlesen?

4. Schweigen
Nun werden wir für einige Minuten ganz still und lassen in der Stille Gott zu uns sprechen.

5. Austauschen
Wir tauschen uns darüber aus, was uns im Herzen berührt hat. Welches Wort hat uns persönlich angesprochen? (Danach gegebenenfalls:) Ist uns in diesem Text ein Wort begegnet, das uns in den kommenden Wochen als Wort des Lebens begleiten könnte?

6. Handeln
Wir sprechen jetzt über Aufgaben, die sich uns einzeln (und gemeinsam) im Blick auf den Bibeltext für die kommende Zeit stellen.

7. Beten
Wir beten miteinander. Alle sind eingeladen, ein freies Gebet zu sprechen.
(Danach:) Wir schließen mit einem Gebet oder Lied, das alle auswendig können.

Gott kommt zu Gast

Komm herein

T.u.M.: Kathi Stimmer-Salzeder,
aus „Lied der Hoffnung" 3, Chorpartitur im Notenheft „Lebendiges Wort"; eingespielt auf CD „ACHTUNG LEBEN"– Rechte und Versand: MUSIK UND WORT, D-84544 Aschau a. Inn – www.musik-und-wort.de

Komm herein und nimm dir Zeit für dich. Komm herein, viel-leicht erkennst du dich. Komm herein, tu deine Sinne, deine Seele auf, denn dein Leben ist so reich, achte darauf.

Lass es los, was dir die Ruhe nimmt, lass es los, was dich so traurig stimmt, lass es los, tu deine Sinne, deine Seele auf, denn dein Leben ist so reich, achte darauf.

Hör dir zu und suche deinen Ton, hör dir zu und du verstehst dich schon, hör dir zu, tu deine Sinne, deine Seele auf, denn dein Leben ist so reich, achte darauf.

Geh in dich und setz die Liebe frei, geh in dich, denn es ist viel dabei, geh in dich, tu deine Sinne, deine Seele auf, denn dein Leben ist so reich, achte darauf.

Abraham, Abraham

Deutscher Text: Diethard Zils - © Gustav Bosse, Verlag Kassel
M.: Wim ter Burg - © Uitgeverij Kok, Kampen.

1. A-bra-ham, A-bra-ham, ver - lass dein Land und dei-nen Stamm!
2. A-bra-ham, A-bra-ham, ver - lass dein Land und dei-nen Stamm!
3. A-bra-ham, A-bra-ham, ver - lässt sein Land und sei-nen Stamm!

A-bra-ham, A-bra-ham, ver - lass dein Land und dei-nen Stamm!
A-bra-ham, A-bra-ham, ver - lass dein Land und dei-nen Stamm!
A-bra-ham, A-bra-ham, ver - lässt sein Land und sei-nen Stamm!

Mach dich auf die lan-ge Rei-se in ein Land, das ich dir wei-se.
Ich ver-sprech dir mei-nen Se-gen, bin mit dir auf al-len We-gen,
Auf das Wort hin will er's wa-gen, oh-ne Kla-gen, oh-ne Fra-gen

Du sollst ge-gen al-len Schein Va-ter mei-nes Vol-kes sein.
al-le Men-schen, groß und klein, solln in dir ge-seg-net sein.
steht er auf und zieht er fort. Kom-pass ist das Got-tes-wort.

Fúnga alafia

T. und M.: Escola de Música Municipal, CAN PONSIC

Fun-ga a-la-fia, a-she, a-she. Fun-ga a-la-fia, a-she, a-she.
Mei-ne Ge-dan-ken sind al-le bei Dir. Mei-ne Ge-dan-ken sind al-le bei Dir.
Mei-ne Ge-füh-le sind al-le bei Dir. Mei-ne Ge-füh-le sind al-le bei Dir.

VORSCHLAG ZUR TANZUMSETZUNG

Es wird wie in der Abbildung (Handfläche gegen Handfläche) ein Kreis gebildet und zu Beginn das Lied eingeübt. (Eine/r singt vor, die anderen wiederholen).

Danach kann ein Kind den ersten Satz des Liedes alleine singen und die anderen wiederholen ihn. Danach kann das Gleiche mit dem zweiten Satz gemacht werden.

Das kann wiederholt werden (z. B. jedes Kind darf einmal singen), solange sich niemand langweilt und bis alle Kinder es sicher und gut singen können, auch wenn noch Bewegungen dazu kommen.

Die Bewegungen sind einfach, aber für die Sprünge zwischendurch brauchen die Kinder ein bisschen Auflockerung (sie sollten also nicht verkrampft oder angestrengt sein), Konzentration und Gleichgewichtssinn.

Das Lied wird dreimal wiederholt.

1. Mit dem ersten Satz des Liedes gehen alle (Gesicht und Vorderseite des Körpers zeigen in die Kreismitte) ein paar Schritte nach rechts und mit dem zweiten Liedsatz nach links.

2. Beim zweiten Durchlauf machen alle einen kleinen Sprung mit einer halben Drehung nach rechts, eine viertel Drehung nach links, eine halbe Drehung nach rechts und noch eine viertel Drehung nach rechts, so dass alle wieder mit dem Gesicht zur Mitte schauen.

3. Beim dritten Durchlauf werden mit den Händen Gesten gemacht. Vom Kopf hin nach vorn in die Mitte, vom Mund hin zur Mitte und vom Herzen hin zur Mitte, um dann zum letzen Mal wieder die Ausgangsposition einzunehmen und von vorne anzufangen.

Kopf – Gedanken   *Mund – Wort*   *Herz – Gefühle*   *Ausgangsposition*

Die Symbolik des Tanzes ist zu Anfang die Zugehörigkeit zur Gruppe (1). Die Gesten, die beim zweiten Mal gemacht werden (2), stehen für die Begrüßung der Neu-Ankommenden aus den vier Himmelrichtungen/Begrüßung der vier Himmelsrichtungen (N/S/O/W). Die Gesten beim dritten Mal (3) stehen für die Begrüßung der Gedanken, des Wortes und des Herzens bzw. der Gefühle.

Unter folgendem Link lässt sich das Lied auch anhören:
http://www.bcn.es/emmcanponsic/frames/publicacions/fr_publicacions.htm

Gen 12,1	Zieh weg aus deinem Land, von deiner Verwandtschaft und aus deinem Vaterhaus in das Land, das ich dir zeigen werde.
Mt 22,44	Setze dich mir zur Rechten, und ich lege dir deine Feinde unter die Füße.
Joh 20,22-23	Empfangt den Heiligen Geist! Wem ihr die Sünden vergebt, dem sind sie vergeben.
Lk 1,30	Fürchte dich nicht, Maria; denn du hast bei Gott Gnade gefunden.

1Sam 3,10	Samuel, Samuel! Und Samuel antwortete: Rede, denn dein Diener hört.
Ex 3,4-5	Mose, Mose! Er antwortete: Hier bin ich. Der Herr sagte: Komm nicht näher heran! Leg deine Schuhe ab; denn der Ort, wo du stehst, ist heiliger Boden.
Lk 19,5	Zachäus, komm schnell herunter! Denn ich muss heute in deinem Haus zu Gast sein.
Ps 91,14-15	Weil er an mir hängt, will ich ihn retten; ich will ihn schützen, denn er kennt meinen Namen. Wenn er mich anruft, dann will ich ihn erhören. Ich bin bei ihm in der Not, befreie ihn und bringe ihn zu Ehren.

Gen 28,13	Ich bin der Herr, der Gott deines Vaters Abraham und der Gott Isaaks. Das Land, auf dem du liegst, will ich dir und deinen Nachkommen geben.	Ez 36,28	Dann werdet ihr in dem Land wohnen, das ich euren Vätern gab. Ihr werdet mein Volk sein, und ich werde euer Gott sein.
Gen 28,15	Ich bin mit dir, ich behüte dich, wohin du auch gehst, und bringe dich zurück in dieses Land.	1 Kön 6,12	Wenn du meinen Geboten gehorchst und auf meine Vorschriften achtest und alle meine Befehle ausführst und befolgst, dann werde ich an dir das Wort wahr machen, das ich zu deinem Vater David gesprochen habe.
Gen 28,15	Denn ich verlasse dich nicht, bis ich vollbringe, was ich dir versprochen habe.	1 Kön 19,9	Was willst du hier, Elija?
Gen 9,12-13	Das ist das Zeichen des Bundes, den ich stifte zwischen mir und euch und den lebendigen Wesen bei euch für alle kommenden Generationen: Meinen Bogen setze ich in die Wolken; er soll das Bundeszeichen sein zwischen mir und der Erde.	Jer 1,5	Noch ehe ich dich im Mutterleib formte, habe ich dich ausersehen, noch ehe du aus dem Mutterschoß hervorkamst, habe ich dich geheiligt, zum Propheten für die Völker habe ich dich bestimmt.

Gott kommt zu Gast

Jer 1,7	Sag nicht: Ich bin noch so jung. Wohin ich dich auch sende, dahin sollst du gehen, und was ich dir auftrage, das sollst du verkünden.	Lk 1,13	Fürchte dich nicht, Zacharias! Dein Gebet ist erhört worden.
Jer 1,9	Dann streckte der Herr seine Hand aus, berührte meinen Mund und sagte zu mir: Hiermit lege ich meine Worte in deinen Mund.		
Jer 1,18	Ich selbst mache dich heute zur befestigten Stadt, zur eisernen Säule und zur ehernen Mauer gegen das ganze Land.		
Jer 33,2-3	So spricht der Herr, der die Erde erschaffen, sie geformt und fest gegründet hat, Jahwe ist sein Name: Rufe zu mir, so will ich dir antworten und dir große, unfassbare Dinge mitteilen, die du nicht kennst.		

Gott zu Gast bei Abraham

Gen 18,1-10a

Der Herr erschien Abraham bei den Eichen von Mamre. Abraham saß zur Zeit der Mittagshitze am Zelteingang. Er blickte auf und sah vor sich drei Männer stehen. Als er sie sah, lief er ihnen vom Zelteingang aus entgegen, warf sich zur Erde nieder und sagte: Mein Herr, wenn ich dein Wohlwollen gefunden habe, geh doch an deinem Knecht nicht vorbei! Man wird etwas Wasser holen; dann könnt ihr euch die Füße waschen und euch unter dem Baum ausruhen. Ich will einen Bissen Brot holen, und ihr könnt dann nach einer kleinen Stärkung weitergehen; denn deshalb seid ihr doch bei eurem Knecht vorbeigekommen.

Sie erwiderten: Tu, wie du gesagt hast. Da lief Abraham eiligst ins Zelt zu Sara und rief: Schnell drei Sea feines Mehl! Rühr es an, und backe Brotfladen! Er lief weiter zum Vieh, nahm ein zartes, prächtiges Kalb und übergab es dem Jungknecht, der es schnell zubereitete. Dann nahm Abraham Butter, Milch und das Kalb, das er hatte zubereiten lassen, und setzte es ihnen vor. Er wartete ihnen unter dem Baum auf, während sie aßen. Sie fragten ihn: Wo ist deine Frau Sara? Dort im Zelt, sagte er. Da sprach der Herr: In einem Jahr komme ich wieder zu dir, dann wird deine Frau Sara einen Sohn haben.

Der Besucher des alten Jim

aus: Axel Kühner, Eine gute Minute, 365 Impulse zum Leben, Aussaat Verlag, Neukirchen-Vluyn, 9. Aufl. 2008

Der Pastor einer Gemeinde in Kenia wurde auf einen etwas vernachlässigt wirkenden alten Mann aufmerksam, der jeden Tag um 12 Uhr mittags die Kirche betrat und sie ziemlich schnell wieder verließ. Auf die Frage, was er denn in der Kirche tue, antwortete der Alte: "Ich gehe hinein, um zu beten."

Auf die verwunderte Gegenfrage: "Aber du bist niemals lange genug drin, um beten zu können", erklärte der alte Mann: "Ich kann kein langes Gebet sprechen, aber ich komme jeden Tag um 12 Uhr vorbei und sage: 'Jesus, hier ist Jim', dann warte ich eine Minute, und er hört mich."

Einige Zeit später kam der alte Jim wegen einer Beinverletzung ins Krankenhaus. Man stellte fest, dass er einen heilsamen Einfluss auf die anderen Kranken ausübte. Die Nörgler wurden freundlicher, und es wurde auch viel gelacht in diesem Zimmer.

"Jim", sagte die Stationsschwester eines Tages zu ihm, "die anderen Männer sagen, dass du diese Veränderung auf der Station herbeigeführt hast. Du bist immer glücklich."

"Ja, Schwester, ich kann nichts dafür, dass ich immer glücklich bin. Das kommt durch meinen Besucher."

Die Schwester hatte bei Jim noch nie einen Besucher gesehen, denn er hatte keine Verwandten und auch keine engeren Freunde.

"Jeden Tag um 12 Uhr mittags", antwortete Jim. "Er kommt, steht am Fußende meines Bettes und sagt: 'Jim, hier ist Jesus.'"

Jim hatte niemals Gelegenheit gehabt, eine Schule zu besuchen, aber er hat gelernt, in so enger Gemeinschaft mit Jesus zu leben, dass er zu jeder Zeit mit ihm reden konnte.

God trying to get your attention

by Kevin Moore / C. Linden, recording of 1998, from Slow Down (OKeh/550/Epic/Sony 491613 9), copyright notice

Well you might be saved	Du könntest gerettet werden
You might be reborn	Du könntest wiedergeboren werden
You might own a car	Du könntest ein Auto besitzen
With a big loud horn	mit einer großen, lauten Hupe
Maybe it's just news	Vielleicht sind es nur Nachrichten
On your television	in deinem Fernseher
Or it might be God trying to get your attention	oder es könnte Gott sein, der versucht, deine Aufmerksamkeit zu bekommen
Are you an engineer	Bist du ein Techniker,
Working on a farm	der auf einem Bauernhof arbeitet
Or a casanova	oder ein Casanova
With a whole lot of charm	mit einer Menge Charme
It might be a mouse	Es könnte eine Maus sein,
Living in your kitchen	die in deiner Küche wohnt
Or it might be God trying to get your attention	oder es könnte Gott sein, …
Well it might sound bad	Es könnte schlecht klingen
Or it might sound good	oder es könnte gut klingen
It might be made of steel	Es könnte aus Stahl gemacht sein
Or it might be made of wood	oder aus Holz
Maybe its just news	Vielleicht sind es nur Nachrichten
On your television	in deinem Fernseher
Or it might be God trying to get your attention	oder es könnte Gott sein, …
Well it might be in the church house	Es könnte in einer Kirche sein
Or it might be on the street	oder es könnte auf der Straße sein
Somehow or another	oder irgendwo anders
Every soul has got to meet	Es könnte jede Seele treffen
Well it might be in the city	Es könnte in einer Großstadt sein
Or it might be in the town	oder eher in einer kleinen
One way or another	Auf die eine oder andere Art
You're gonna find the higher ground	findest du den tieferen Sinn
Well you might be deaf	Du könntest taub sein
Or you might be blind	oder blind sein
Should put the message	Du solltest dir diese Botschaft
Right in your mind	ins Gedächtnis schreiben
Might look like a plan	Es könnte aussehen wie geplant
Or a coalition	oder wie eine Verschwörung
Or it might be God trying to get your attention	oder es könnte Gott sein, …
Ohhh	Ohhh
Well you might be deaf	Du könntest taub sein
Or you might be dumb	oder stumm sein
You'll get the answer	Du wirst die Antwort bekommen.
When the answer comes	Und wenn die Antwort kommt,
It might be news	ist es vielleicht nur eine Nachricht
On your television	in deinem Fernseher
Or it might be God trying to get your attention	oder es könnte Gott sein, …
It might be God trying to get your attention	
Oh yeah	Oh yeah
Listen to the birds … the trees … the river … the sea … the mountain … the land … the woman … the man … the rain … the wind … your mind. Then listen all over again	Hör auf die Vögel … die Bäume … den Fluss … das Meer … die Berge … die Erde … die Frau … den Mann … den Regen … den Wind … deinen Geist. Und dann hör alles noch mal.

Gott kommt zu Gast

In Gottes Hängematte ...

Kurzdarstellung

Bei diesem Familientag geht es um die Bedeutung des Betens für den christlichen Glauben und das Leben in der Gottesbeziehung. Die Teilnehmenden beschäftigen sich mit verschiedenen Psalmworten. Dieses Beten ordnet sich in die Zielperspektiven in den Bereich „Liturgie" ein und versteht sich als vor Gott gebrachtes Leben durch Bitte, Danke, Klage und Lobpreis.

Die Gruppe der jüngeren Kinder beschäftigt sich mit positiven und negativen Gefühlen und malt Bilder dazu. Dann formuliert jedes Kind, was es Gott mit dem Bild sagen möchte.

In der Gruppe der 9-12jährigen werden positive und negative Gefühle erarbeitet, die in verschiedenen Psalmworten zum Ausdruck gebracht sind. Die Kinder schreiben dazu eigene Gedanken oder Geschichten auf.

Die Jugendlichen erarbeiten sich Psalm 23 und schreiben einen eigenen Psalm, in dem sie auch etwas von ihren eigenen negativen Gefühlen zum Ausdruck bringen.

Die Erwachsenen beschäftigen sich ebenfalls mit Psalm 23 und schreiben ihren je eigenen Psalm.

Zur abschließenden liturgischen Feier bringt jeder Teilnehmer das von ihm gestaltete Blatt (eigenes Bild oder eigener Psalm) mit und legt es in eine Hängematte – als Ausdruck dafür, dass sie ihre Gedanken und Gefühle Gott anvertrauen.

Theologische und didaktische Aspekte

Wie jede gute menschliche Beziehung darauf angewiesen ist, dass man sie pflegt und im Gespräch mit dem anderen bleibt, so ist auch die Gottesbeziehung darauf angewiesen, dass sie gepflegt wird, um lebendig zu bleiben. Einmal auswendig gelernte und im Gottesdienst mitgesprochene Gebete können (im Laufe der Jahre) von Einzelnen als starre und hohle Formeln erlebt werden, die einem kaum etwas bedeuten. Auch zwischenmenschliche Beziehungen können starr und kühl werden. Wenn die Beteiligten sich immer wieder füreinander öffnen mit ihren Wünschen, ihren Sorgen, ihren positiven und negativen Gefühlen, dann bleibt ihre Beziehung lebendig. In der Beziehung mit Gott kann Ähnliches beim Beten geschehen. Zum Beten brauche ich eigentlich nur die Bereitschaft, mein Leben vor Gott auszubreiten, in allen Facetten und Schattierungen, mit meinen Sorgen und Ängsten einerseits und meinen Freuden und Hoffnungen andererseits. (Vgl. Albert Biesinger u.a., Gott mit neuen Augen sehen. Leitfaden für Elterntreffen, München, 104.) Beten ist aus dieser Perspektive ein Tun, in dem ich mein Leben in Beziehung setze zu dem Gott, von dem ich glaube, dass er der Welt und meinem Leben Sinn und Halt gibt. So gesehen gehören Glaube und Gebet zusammen: Wer sich von Gott getragen und gehalten weiß, der wird auch sein Leben in Beziehung zu ihm bringen und zu ihm sprechen.

Das zentrale Anliegen dieses Familientags ist, ins Bewusstsein zu heben, dass ich mich in jeder Lebenslage von Gott getragen wissen darf und mich ihm anvertrauen kann mit all dem, was mich froh macht, aber auch mit dem, was mich belastet – und der darin eingeschlossenen Bitte, dass er eingreifen und das Blatt zum Guten wenden möge. Dieses kann Zuversicht schenken, aber auch die nötige Kraft zum Kämpfen bzw. zum Durchhalten in schwierigen Situationen. Die Möglichkeit, sich Gott anzuvertrauen, möchte der Titel dieses Familientags im Bild des Liegens in einer schönen Hängematte zum Ausdruck bringen.

Vorbereitungen

- Eine Hängematte oder ein großes Tuch mit zwei Zipfeln organisieren.
- Karten mit Psalmversen vergrößern und auf hellblaues (Trauer, Angst, Schmerzen, Mutlosigkeit, Wut) bzw. gelbes (Zufriedenheit, Freude) Papier kopieren (für jede Gruppe) und schneiden. Insgesamt gibt es 20 hellblaue und 20 gelbe Karten mit Psalmversen.
- Kopien mit Psalm 23 für die 13-17jährigen und die Erwachsenen. Psalm 23 einmal sehr stark vergrößern und auf ein großes (weißes) Plakat kleben für den schriftlichen Gesprächsbeginn. Dazu für die Jugendlichen verschiedenfarbige Filzstifte oder Eddings und für die Erwachsenen Kugelschreiber.
- DIN A4-Blätter mit Rahmen sowie Wachsmalstifte und/oder Buntstifte für die Kinder.

Ziele

Dieser Familientag möchte die Teilnehmenden dazu ermutigen, einmal selbst auszuprobieren, ihre jeweiligen persönlichen Gefühle, Sorgen und Freuden in eigenen Sätzen oder einem Bild vor Gott zum Ausdruck zu bringen und etwas davon auch den anderen Teilnehmern mitzuteilen.

4-8 Jahre:	Die Kinder drücken positive und negative Gefühle in entsprechender Mimik und Gestik aus. In einem Bild, das sie malen, bringen sie das zum Ausdruck, was sie Gott an diesem Tag von sich zeigen möchten (positive oder/und negative Gefühle, damit verbundene Wünsche …). Die Kinder können im Miteinander der Gruppe und angeleitet durch den Gruppenleiter – insbesondere im abschließenden Gebet – erleben, dass sie gemeinsam vor Gott sind, ihm etwas von sich zeigen und ihm vertrauen dürfen. Insgesamt werden die Kinder darin bestärkt, dass sie Gott alles sagen dürfen, und ermutigt, das auch zu tun. (Vgl. zum Folgenden: Rainer Oberthür, In Bildworten der Bibel sich selbst entdecken, in: ders., Kinder und die großen Fragen, München 1995, 81-93.)
9-12 Jahre:	Die Kinder drücken positive und negative Gefühle in Standbildern (Mimik, Gestik) vor der Gruppe aus. Sie wählen sich ein Psalmwort aus, in dem positive oder negative Gefühle zum Ausdruck gebracht sind, und schreiben dazu ihre Gedanken und Geschichten auf und/oder gestalten dazu ein Bild. Die Kinder betrachten das von einem anderen Kind gestaltete Blatt sorgfältig, sie versuchen sich in die Perspektive dieses Kindes hineinzuversetzen und dann zu verstehen und zu erzählen, was dieses Kind mit seinem Blatt ausdrücken wollte. Auf dieser Basis formulieren sie einen guten Wunsch für dieses Kind. Die Kinder überlegen, was sie abschließend noch Gott sagen möchten und sie legen ihr Blatt in die Hängematte. sie können mit dieser symbolischen Handlung zum Ausdruck bringen, dass sie ihre Gefühle und Wünsche Gott anvertrauen, und nennen, was sie Gott (noch) sagen möchten. Die Kinder können im Miteinander der Gruppe und angeleitet durch den Gruppenleiter – insbesondere im abschließenden Gebet – erleben, dass sie einzeln und gemeinsam vor Gott sind und ihm etwas von sich anvertrauen dürfen. Insgesamt werden die Kinder darin bestärkt, dass sie Gott alles sagen können, und ermutigt, das auch zu tun.

13-17 Jahre: Die Jugendlichen gewinnen Einblick in das Buch der Psalmen mit seiner reichhaltigen Bildersprache, in der positive und negative Gefühle zum Ausdruck gebracht werden – vor Gott. Sie kennen Psalm 23 mit den darin ausgedrückten positiven und negativen Gefühlen. Sie übertragen Psalm 23 in eigene Worte, die zu ihnen passen und integrieren darin ein selbst gewähltes Psalmwort, in dem negative Gefühle ausgedrückt sind. Die Jugendlichen lesen sich gegenseitig ihre eigenen Psalmen vor und können im Miteinander der Gruppe erleben, dass sie einzeln und gemeinsam vor Gott sind und ihm ihre Gefühle und Wünsche anvertrauen dürfen.

Erwachsene: Die Erwachsenen gewinnen Einblick in das Buch der Psalmen mit seiner reichhaltigen Bildersprache, in der positive und negative Gefühle zum Ausdruck gebracht werden – vor Gott. Sie kennen Psalm 23 mit den darin ausgedrückten positiven und negativen Gefühlen. Sie übertragen Psalm 23 in eigene Worte, die zu ihnen passen und integrieren darin ein selbst gewähltes Psalmwort, in dem negative Gefühle ausgedrückt sind. Die Erwachsenen lesen ihren eigenen Psalm einem anderen aus der Gruppe vor (Zweiergruppen, kein Plenum!). In der stillen Zeit (in der Kirche) und beim abschließenden gemeinsamen Gebet erleben sie, dass es gut tun kann, (wieder einmal) bewusst vor Gott zu sein und ihm seine Gefühle, Sorgen und Wünsche anzuvertrauen.

Ablauf

Einstieg

Schritte	Material
• Lied: „Von guten Mächten"	*Liedblatt*

• Zwei Fotos zeigen
    * ein trauriges (mutloses) Kind in einer Hängematte
    * ein zufriedenes (glückliches) Kind in einer Hängematte
	Fotos als Folien, OHP

Fragend-entwickelndes Gespräch (primär mit den 4-12jährigen Kindern):
• Was seht ihr?
    * Foto (a) beschreiben lassen.
    * Foto (b) beschreiben lassen	

• Überleitung zum Tagesthema: * Wie dieses Kind einmal sehr traurig und ein anderes Mal gut zufrieden in der Hängematte liegt, so dürfen diejenigen, die an Gott glauben, sich in jeder Lage und mit den Gefühlen, die sie gerade haben, Gott anvertrauen. Was es heißen kann, dass ich mich mit meinen Gefühlen, Freuden und Sorgen an Gott wenden darf, das wollen wir heute in den verschiedenen Gruppen entdecken.	

4-8 Jahre

Schritte	Material
• Angeleitete Partnerarbeit: Je zwei Kinder zeigen sich (nacheinander), wie ihre Gesichter (Mimik und Gestik) usw. sind, wenn sie positive oder negative Gefühle haben, wenn sie: 　* traurig und alleine sind 　* Angst haben und erschrocken sind 　* Schmerzen haben und am Ende sind 　* mutlos sind und sich nichts zutrauen 　* wütend sind und sich beklagen 　* zufrieden sind und sich richtig wohl fühlen 　* sich freuen und rundum glücklich sind.	
• Erarbeitung - Kinder, die noch nicht lesen können: 　* Ein Bild malen auf einem Blatt mit vorgezeichnetem Rahmen: Was möchte ich Gott heute von mir zeigen? (Was möchte ich ihm damit sagen?) Wenn das Bild annähernd fertig ist, wird jedes Kind einzeln befragt, was es gemalt hat und was es Gott damit sagen möchte. Der Katechet bespricht mit dem Kind, was davon auf das Blatt geschrieben werden darf. • Erarbeitung - Kinder, die schon lesen können: 　* Psalmverse auf Karten liegen im Raum verteilt zu jeder der sieben Gefühlslagen. Die Kinder lesen sich die Karten still durch, wählen sich eine davon aus, die ihnen gefällt, und malen dazu ein Bild auf einem Blatt mit vorgezeichnetem Rahmen und schreiben den Satz und evtl. auch etwas von sich auf ihr Blatt. Oder: Sie können (wie die kleineren Kinder) frei etwas malen, was sie Gott von sich zeigen und ihm sagen wollen, und einen Satz dazu schreiben oder schreiben lassen.	*Hintergrundmusik, CD-Player* *Papier, Stifte* *Psalmverse*
• Kreisgespräch: 　* Die Bilder werden im Raum aufgehängt und die Gruppe geht von Bild zu Bild, sieht es sich an und der Katechet fragt den jeweiligen Maler, was er gemalt hat und Gott sagen wollte.	*Tesakrepp*
• Zusammenfassung: 　* Gott wartet immer auf uns. Wir dürfen ihm alles sagen und uns bei ihm zu Hause fühlen wie in einer richtig guten Hängematte. Tina sagt zu Gott … Marco zeigt Gott … Michaela …	
• Gebet: 　* Guter Gott, wir vertrauen dir all das an, was wir fühlen und uns wichtig ist … Danke, dass wir dir das alles sagen können. Amen.	

In Gottes Hängematte

9-12 Jahre – Ich darf Gott alles sagen

Schritte	Material
• Standbilder: Je zwei (bis drei) Kinder überlegen sich, wie sie durch ein Standbild, das sie dann allen zeigen, ausdrücken können: 　* Ich bin traurig (und bin alleine) 　* Ich habe Angst (und bin erschrocken) 　* Ich bin an Ende (und habe Schmerzen) 　* Ich bin mutlos (und traue mir nichts zu) 　* Ich bin wütend (und beklage mich) 　* Ich bin richtig zufrieden (und fühle mich wohl) 　* Ich bin rundum glücklich (und freue mich).	
• Erarbeitung: Die Kinder finden an sieben Stellen im Raum verteilt Psalmworte auf Karten zu den eben dargestellten Gefühlslagen. Sie suchen sich eines der Gefühle aus, lesen sich die Karten dazu still durch, wählen sich eine der Karten aus, die ihnen gefällt, und schreiben dazu ihre Gedanken und Geschichten auf. Zusätzlich zum Schreiben (oder als Alternative dazu) können sie auch ein Bild zu dem gewählten Psalmvers malen.	*Psalmworte (Gefühle) auf Karten, Papier, Stifte, Hintergrundmusik, CD-Player*
• Vernissage: 　* Die Kinder legen ihre Verse und Bilder auf ein großes Tuch (Hängematte), das in der Mitte auf dem Boden liegt. Die Kinder sehen sich die Blätter still an. Dann setzen sich alle. Die Blätter werden umgedreht und vertauscht, so dass vor jedem Kind ein anderes Blatt liegt als das eigene. 　* Jedes Kind sieht sich das vor ihm liegende Blatt genau an: Was sehe ich? Was lese ich? Was möchte das andere Kind durch das Blatt wohl zu Gott sagen? Welchen guten Wunsch könnte ich demjenigen sagen, der das Blatt gestaltet hat?	*Hintergrundmusik, CD-Player, Hängematte (großes Tuch)*
• Kreisgespräch: 　* Was ich auf dem Blatt vor mir sehe und lese, und was ich demjenigen Gutes wünsche, der das Blatt gestaltet hat.	
• Abschluss: 　* Gott wartet immer auf uns. Wir dürfen ihm alles sagen und uns bei ihm zu Hause fühlen wie in einer richtig guten Hängematte. 　* Jedes Kind nimmt sein eigenes Blatt, überlegt, was es selber jetzt noch Gott sagen möchte und legt sein Blatt auf das große Tuch (Hängematte). Dabei kann jeder den Satz sagen, den er/sie zu Gott sagen möchte oder man legt sein Blatt einfach still in die Hängematte.	

Schritte	Material
• Gebet: * Guter Gott, wir vertrauen dir all das an, was wir fühlen und was uns wichtig ist … Schenke uns immer wieder solches Vertrauen, dass wir dir auch an anderen Tagen sagen und zeigen, wie es uns geht; dass wir auch mit dir sprechen, wenn wir nicht wie heute zusammen sind und wir uns vielleicht traurig fühlen oder mutlos, oder wenn wir glücklich und zufrieden sind. Danke, dass wir dir heute so viel sagen können. Amen.	

13-17 Jahre – Gut drauf – schlecht drauf – beten?

Schritte	Material
• Kurze Einführung in das Buch der Psalmen: vor 2500-2300 Jahren entstanden / 150 Gedichte auf 5 Pergamentrollen / in hebräischer Sprache / genannt „tehellim" (Preisungen) / griechisch „psalmoi" / das Buch der Psalmen ist das wichtigste Gebetbuch für Juden und für Christen, die Gott alles sagen, was ihnen auf dem Herzen liegt – nicht nur, wenn sie gut drauf sind, sondern auch, wenn sie sich mies fühlen. Ein Psalm, der in ganz unterschiedlichen Lebenslagen für Menschen wichtig werden kann, ist Psalm 23.	
• Erarbeitung: Plakat in die Mitte legen, auf das vorher Psalm 23 geschrieben wurde oder: die Kopiervorlage vorlesen.	*Psalm 23 als Plakat*

• Stille Phase mit Plakat und Stiften: Jeder bekommt einen dicken Stift (möglichst jede Person eine andere Farbe) und soll einzelne Worte oder Satzteile mit folgenden Zeichen versehen:
    ?   „das ist mir unklar"
    !   „das ist mir wichtig"
    🕯   „da geht mir ein Licht auf" (Kerze = umgekehrtes Ausrufezeichen)
    ->   „das ist für eine persönliche Situation von mir wichtig"
	Plakat, Stifte

• Gespräch: * Die gekennzeichneten Stellen werden besprochen und das, was einzelnen besonders wichtig ist. (Hier muss nicht jedes Fragezeichen aufgelöst werden! Nicht jeder Pfeil muss erklärt werden …)	

• Ausweitung und Fokussierung des Gesprächs:
    * Welche Gefühle bringt der Sprecher/Beter des Psalms zum Ausdruck?
    * Welche der Gefühle sind positiv, welche negativ?
    * Welche Bildworte (Metaphern) benutzt er, um positive Gefühle auszudrücken?
    * Welche verwendet er, um negative Gefühle auszudrücken?
    * Welche Gefühlslage ist in Psalm 23 vorherrschend?	

• Vertiefung: 　* Jeder bekommt eine Kopie von Psalm 23, um den Psalm noch einmal bewusst für sich zu lesen und zu unterstreichen, was ihm wichtig ist (ca. 5 Minuten). 　* Dann werden auf dem großen Plakat in der Mitte die Worte „Wandern in finsterer Schlucht" markiert und dazu weitere Psalmverse auf (blauen) Karten gelegt, mit denen negative Gefühle zum Ausdruck gebracht werden. 　* Das Leben von Menschen (auch mein eigenes Leben) hat nicht nur Sonnenseiten, sondern auch Schattenseiten. Im Buch der Psalmen gibt es viele Bildworte (Metaphern), mit denen negative Gefühle und Schattenseiten vom Sprecher/Beter zum Ausdruck gebracht werden vor Gott. Es ist ein wichtiger Teil des Betens und des Beten-Lernens, die negativen Gefühle und all das, was mit den Schattenseiten des Lebens zu tun hat, nicht aus der Gottesbeziehung auszuklammern. Eine gute Beziehung mit jemandem suchen und haben, heißt doch, dass in dieser Beziehung alles, was mir wichtig ist und mich beschäftigt, Raum haben kann, gesagt werden und vom anderen gehört kann. Einige Sätze aus den Psalmen, in denen der Beter negative Gefühle ausdrückt, liegen jetzt hier – und ergänzen/variieren das „Wandern in finsterer Schlucht". 　* Die Jugendlichen werden eingeladen, sich die zusätzlichen Psalmverse still anzusehen und sich jeder ein Psalmwort auszuwählen, das ihn persönlich in irgendeiner Weise anspricht.	*Hintergrundmusik, CD-Player*
• Aufgabe zum Übertragen: 　* Schreibe Deinen eigenen Psalm, indem Du die Gedanken von Psalm 23 so veränderst wie es zu dir passt! 　* Der erste Satz soll anfangen mit: „Der Herr ist meine Hängematte …" 　* Versuche auch das Psalmwort von der Karte, die Du ausgewählt hast, in Deinen Psalm hineinzubauen.	
• Anhörrunde – Jeder liest seinen eigenen Psalm den anderen vor. • Abschluss: Gott wartet immer auf uns. Wir können ihm alles sagen und uns bei ihm zu Hause fühlen wie in einer richtig guten Hängematte … (hier einige Gedanken von den Jugendlichen einfügen).	
• Gebet: Guter Gott, wir vertrauen dir all das an, was wir fühlen und was uns wichtig ist … Ich möchte mich dir anvertrauen – so wie ich mich gerne in eine gute Hängematte lege und darin schaukle. Schenke jedem von uns immer wieder solches Vertrauen, dass wir dir auch an anderen Tagen sagen und zeigen, wie es uns geht; wenn wir nicht wie heute zusammen sind, wenn wir uns vielleicht traurig fühlen oder mutlos, aber auch wenn wir glücklich und zufrieden sind. Danke, dass wir dir heute so viel sagen können. Amen.	

Erwachsene – Beten an guten und schlechten Tagen?

Schritte	Material
• Kurze Einführung in das Buch der Psalmen: vor 2500-2300 Jahren entstanden / 150 Gedichte auf 5 Pergamentrollen / in hebräischer Sprache / genannt „tehellim" (Preisungen) / griechisch „psalmoi" / das Buch der Psalmen ist das wichtigste Gebetbuch für Juden und für Christen, die Gott alles sagen, was ihnen auf dem Herzen liegt – nicht nur, wenn es ihnen gut geht und sie zufrieden sind, sondern auch, wenn sie sich elend fühlen, wenn sie enttäuscht sind, Angst haben oder wütend sind. Ein Psalm, der in ganz unterschiedlichen Lebenslagen für Menschen wichtig werden kann, ist Psalm 23.	
• Erarbeitung: Plakat in die Mitte legen, auf das vorher Psalm 23 geschrieben wurde oder: die Kopiervorlage lesen: Einer liest den Text vor.	*Psalm 23 als Plakat*

• Stille Phase mit Plakat und Stiften: Jeder bekommt einen dicken Stift (möglichst jede Person eine andere Farbe) und soll einzelne Worte oder Satzteile mit folgenden Zeichen versehen:
 	
    ?   „das ist mir unklar"
    !   „das ist mir wichtig"
    🕯   „da geht mir ein Licht auf" (Kerze = umgekehrtes Ausrufezeichen)
    ->   „das ist für eine persönliche Situation von mir wichtig"
	Plakat, Stifte

• Gespräch: Die Teilnehmenden werden befragt und teilen das mit, was sie möchten:
    * Wo haben Sie ein Fragezeichen auf Ihrem Blatt?
    * Wo haben Sie ein Rufzeichen auf Ihrem Blatt?
    * Wo haben Sie eine Kerze auf Ihrem Blatt?
    * Wo haben Sie einen Pfeil auf Ihrem Blatt?
 	
• Ausweitung und Fokussierung des Gesprächs:
    * Welche Gefühle bringt der Sprecher/Beter des Psalms zum Ausdruck?
    * Welche der Gefühle sind positiv, welche negativ?
    * Welche Bildworte (Metaphern) benutzt er, um positive Gefühle auszudrücken?
    * Welche verwendet er, um negative Gefühle auszudrücken?
    * Welche Gefühlslage ist in Psalm 23 vorherrschend?	

• Verarbeitung:
    * Hinweis auf zwei Bildworte im Psalm: „Lagern auf grünen Auen" (positive Gefühle) und „Wandern in finsterer Schlucht" (negative Gefühle).
    * Letzterer liegt, auf ein Blatt Papier geschrieben, in der Mitte.	

• Es ist nicht leicht, Gott auch seine negativen Wahrnehmungen und Empfindungen zu sagen und all das, was mit den Schattenseiten des Lebens zu tun hat. Aber: das kann man beim Sprechen/Beten der Psalmen lernen! Es gibt viele Psalmverse, in denen der Beter eigene negative Gefühle zum Ausdruck bringt, seine Situation Gott klagt und ihm hinhält. Der Beter vertraut sich selbst, sein Elend und seine Klage darüber Gott an – und damit auch die Bitte, dass er eingreifen und das Blatt zum Guten wenden möge. • Im Buch der Psalmen gibt es viele Bildworte (Metaphern), mit denen negative Gefühle und Schattenseiten vom Beter vor Gott zum Ausdruck gebracht werden. Es ist ein wichtiger Teil des Betens und des Beten-Lernens, auch seine negativen Gefühle und all das, was mit den Schattenseiten des Lebens zu tun hat, nicht aus der Gottesbeziehung auszuklammern. Eine gute Beziehung mit jemandem (mit einem Menschen – oder auch mit Gott) suchen, heißt doch, dass in dieser Beziehung wirklich alles, was mir wichtig ist und mich beschäftigt, Raum haben kann, gesagt werden und vom anderen gehört werden kann. Einige Sätze aus den Psalmen, in denen der Beter negative Gefühle ausdrückt, stehen auf diesen Karten. Diese Psalmworte ergänzen und variieren das „Wandern in finsterer Schlucht" aus Psalm 23. • Zu dem Blatt „Wandern in finsterer Schlucht" werden weitere Psalmverse auf (blauen) Karten, mit denen negative Gefühle zum Ausdruck gebracht sind, in die Mitte gelegt. • Alle werden eingeladen, sich die zusätzlichen Psalmverse still anzusehen, dann jeweils ein Psalmwort auszuwählen, das ihn persönlich anspricht.	
Aufgabe zum Übertragen: • Schreiben Sie ihren eigenen Psalm (in Anlehnung an Psalm 23) und bauen sie das von Ihnen gewählten Psalmwort in Ihren Psalm ein! • Der erste Satz kann anfangen mit: „Der Herr ist meine Hängematte …"	*Hintergrundmusik, CD-Player* *mindestens 20 Min. einplanen*
• Zweiergespräch und Stille Zeit: * Stellen Sie sich zu einer Person hier in der Runde, der Sie ihren Psalm vorlesen möchten. Nutzen Sie die nächsten 20 Min. (mindestens) dazu zu zweit einen Platz zu finden, wo Sie sich gegenseitig ihren Psalm vorlesen können (5 Min.) und gehen Sie dann in die Kirche (oder Stuhlkreis im selben Raum mit Kerze in der Mitte), und beschäftigen Sie sich dort jede/r noch still mit dem eigenen Psalm. (Wer sich nicht auf ein Zweiergespräch einlassen kann, geht gleich in die Kirche für die Stille Zeit.)	
• Abschluss: * Gott wartet immer auf uns. Wir können ihm alles sagen und uns bei ihm zuhause fühlen wie in einer richtig guten Hängematte …	

Liturgische Bausteine

Schritte	Material
• Lied: „Von guten Mächten wunderbar geborgen"	*Liedblatt*
• Gebet: 　* Guter Gott, ich vertraue dir all das an, was ich fühle und was mich beschäftigt: 　* das, was mich traurig macht　　　　　　　　　　(Stille) 　* das, wovor ich Angst habe　　　　　　　　　　　(Stille) 　* das, was mich verletzt hat und mir weh tut　　　(Stille) 　* ich vertraue dir das an, was mich mutlos macht　(Stille) 　* und das, was mich wütend macht　　　　　　　　(Stille) 　* ich vertraue dir aber gerne auch das an, was mich zufrieden macht　　　　　　　　　　　　　　　　　　　　　　　　(Stille) 　* und all das, worüber ich mich freue　　　　　　(Stille) 　* Ich möchte mich dir anvertrauen können – so wie ich mich gerne in eine gute Hängematte lege oder in einen Liegestuhl. Schenke jeder und jedem von uns immer wieder solches Vertrauen, dass wir dir auch an anderen Tagen sagen und zeigen können, wie es uns geht, dass wir auch mit dir sprechen, wenn wir nicht wie heute zusammen sind, wenn wir verletzt worden oder mutlos sind, aber auch wenn wir glücklich und zufrieden sind. Danke für diese Zeit mit dir. Amen.	
• Hängematte aufgehängt (und ausgespannt): Alle Kinder und Erwachsenen legen nacheinander ihr Blatt in die Hängematte und sagen etwas zu ihrem Blatt – oder etwas anderes, worum sie bitten oder wofür sie danken möchten (passt zur Gabenbereitung - mit Fürbitten integriert).	*Wenn die Blätter mitgenommen werden sollen, könnte es sinnvoll sein, auf der Rückseite den Namen zu vermerken.*

Anregungen zur Weiterarbeit

- Zu Hause ein Psalmenbuch (Sammelmappe) anlegen, die beim Familientag gestalteten Psalmen-Blätter (Bilder, selbst geschriebene Psalmen) einkleben …. Das kann jeder für sich tun oder man macht es gemeinsam als Familie.

Materialien

In Gottes Hängematte

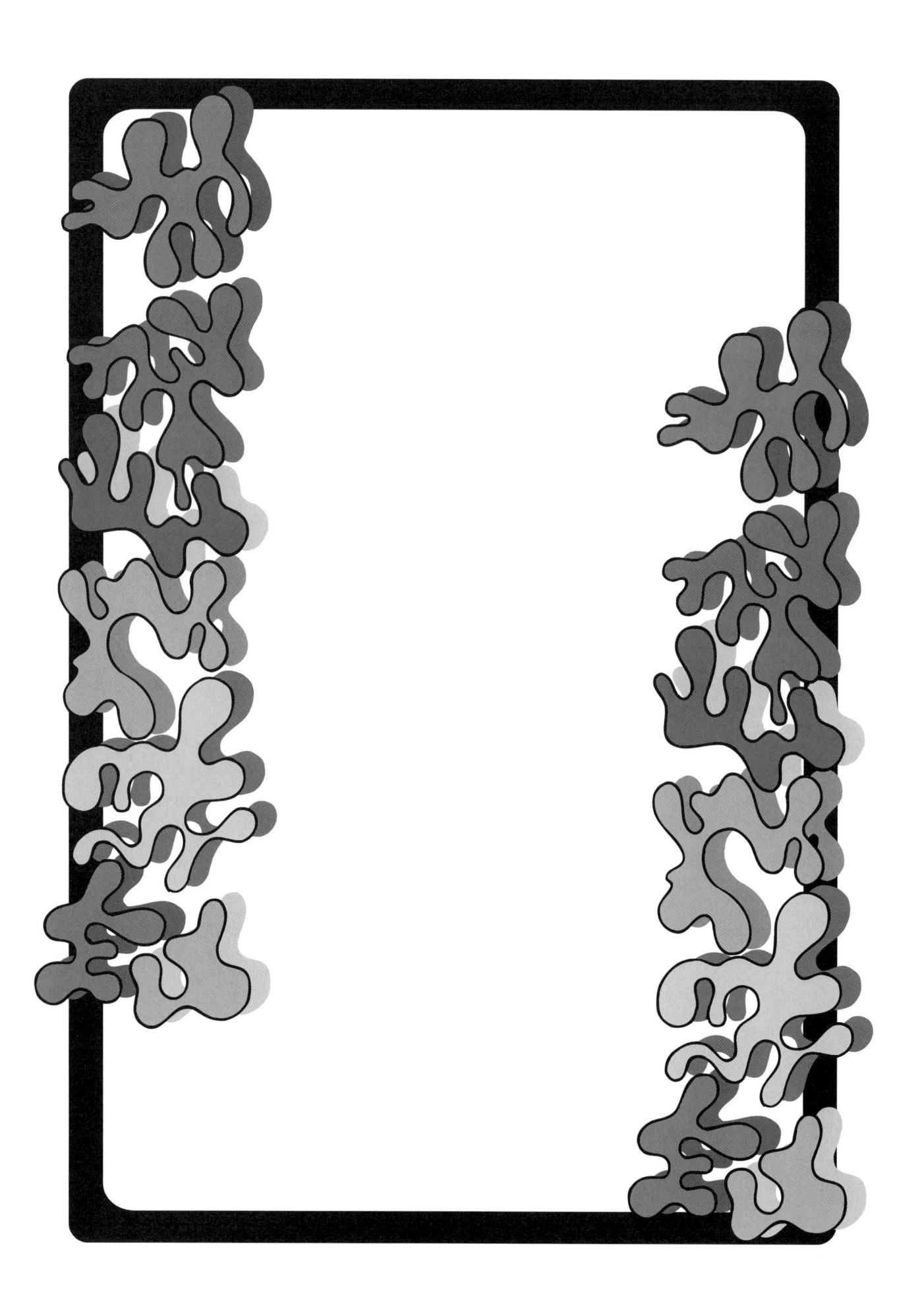

In Gottes Hängematte

1. Traurig und allein sein	Wie lange wirst du dich vor mir verstecken? (Ps 13,2)
1. Traurig und allein sein	Ich bin ausgeschüttet wie Wasser. (Ps 22,15)
1. Traurig und allein sein	Ich bin so einsam, und mir ist so elend. (Ps 25,16)
1. Traurig und allein sein	Vater und Mutter haben mich verlassen. (Ps 27,10)
2. Angst haben und erschrocken sein	Die Angst meines Herzens ist groß. (Ps 25,17)
2. Angst haben und erschrocken sein	Ich höre, wie viele über mich lästern. (Ps 31,14)
2. Angst haben und erschrocken sein	Sie fordern von mir, wovon ich nichts weiß. (Ps 35,11)
2. Angst haben und erschrocken sein	Sie haben mir Füßchen gestellt. Sie haben eine Grube für mich gegraben. (Ps 57,7)
3. Schmerzen haben und am Ende sein	Auch in der Nacht schreie ich, ich komme nicht zur Ruhe. (Ps 22,3)
3. Schmerzen haben und am Ende sein	Du hast mich in den Staub geworfen, ich muss sterben. (Ps 22,16)
3. Schmerzen haben und am Ende sein	Ich bin verstummt und still und schweige fern der Freude und muss mein Leid in mich fressen. (Ps 39,3)

4. Mutlos sein und sich nichts zutrauen	Ich bin am Ende und frage dich: Wie lange noch? (Ps 6,4)
4. Mutlos sein und sich nichts zutrauen	Ich bin wie ein Wurm, kein Mensch mehr, von den Leuten verspottet und verachtet. (Ps 22,7)
4. Mutlos sein und sich nichts zutrauen	Sie reden nie Gutes über die Stillen im Lande. (Ps 35,20)
4. Mutlos sein und sich nichts zutrauen	Ich habe mehr Fehler als Haare auf dem Kopf. (Ps 40,13)
5. Wütend sein und sich beklagen	Du hast uns zerbrochen. Nun stell uns wieder her! (Ps 60,3)
5. Wütend sein und sich beklagen	Ich bin von dir entsetzt, darum bin ich verstummt. (Ps 88,17)
5. Wütend sein und sich beklagen	Wenn du die Menschen lieb hast, denk auch an mich! (Ps 106,4)
5. Wütend sein und sich beklagen	Verlasst euch nicht auf die Großen der Welt. Dort ist keine Hilfe. (Ps 146,3)
5. Wütend sein und sich beklagen	Ich aber bin elend und voller Schmerzen. (Ps 69,30)

In Gottes Hängematte

6. Zufrieden sein, sich wohl fühlen und sich anvertrauen	Du richtest mich auf. (Ps 3,4)
6. Zufrieden sein, sich wohl fühlen und sich anvertrauen	Du tröstest mich in Angst. (Ps 4,2)
6. Zufrieden sein, sich wohl fühlen und sich anvertrauen	Du verlässt nicht die, die nach dir fragen. (Ps 9,11)
6. Zufrieden sein, sich wohl fühlen und sich anvertrauen	Vater und Mutter haben mich verlassen, du aber wirst mich aufnehmen. (Ps 27,10)
6. Zufrieden sein, sich wohl fühlen und sich anvertrauen	Du bist Sonne und wärmst uns. (Ps 84,12)
6. Zufrieden sein, sich wohl fühlen und sich anvertrauen	Du kennst mich bei meinem Namen. (Ps 91,14)

6. Zufrieden sein, sich wohl fühlen und sich anvertrauen	Du verzeihst mir meine Fehler. (Ps 103,3)
6. Zufrieden sein, sich wohl fühlen und sich anvertrauen	Du sättigst mein Leben mit Gutem. (Ps 104,28)
6. Zufrieden sein, sich wohl fühlen und sich anvertrauen	Du bewahrst meine Augen vor Tränen, meine Füße vor dem Stolpern. (Ps 116,8)
6. Zufrieden sein, sich wohl fühlen und sich anvertrauen	Du machst die Gefangenen frei und die Blinden sehend. (Ps 146,7)
6. Zufrieden sein, sich wohl fühlen und sich anvertrauen	Du bist es, der Frieden schafft. (Ps 147,14)

7. Sich freuen und glücklich sein	Ich freue mich über dich, ich bin überglücklich und will dir singen. (Ps 9,3)	7. Sich freuen und glücklich sein	Wer mit Tränen sät, kann mit Freuden ernten. (Ps 126,5)
7. Sich freuen und glücklich sein	Mit dir kann ich Hindernisse überwinden. Mit dir springe ich über Mauern. (Ps 18,30)	7. Sich freuen und glücklich sein	Wie ein gestilltes Kind bei seiner Mutter, so still bin ich. (Ps 131,2)
7. Sich freuen und glücklich sein	Am Abend mag man wohl weinen, doch morgens kommt wieder die Freude. (Ps 30,6)	7. Sich freuen und glücklich sein	Du hast mich gebildet im Mutterleib. Ich danke dir dafür, dass ich so wunderbar gemacht bin. (Ps 139,13f)
7. Sich freuen und glücklich sein	Den Sack der Trauer nahmst du mir fort und gabst mir ein fröhliches Kleid. (Ps 30,12)		
7. Sich freuen und glücklich sein	Du hast meine Klage verwandelt in Tanzen. (Ps 30,12)		
7. Sich freuen und glücklich sein	Licht ist dein Kleid, das du anhast. (Ps 104,2)		

In Gottes Hängematte

Psalm 23 – Der gute Hirte

Der Herr ist mein Hirte, nichts wird mir fehlen.

Er lässt mich lagern auf grünen Auen

Und führt mich zum Ruheplatz am Wasser.

Er stillt mein Verlangen;

Er leitet mich auf rechten Pfaden,
treu seinem Namen.

Muss ich auch wandern in finsterer Schlucht,

ich fürchte kein Unheil; denn du bist bei mir,

dein Stock und dein Stab geben mir Zuversicht.

Du deckst mir den Tisch
vor den Augen meiner Feinde.

Du salbst mein Haupt mit Öl,
du füllst mir reichlich den Becher.

Lauter Güte und Huld
werden mir folgen mein Leben lang,

und im Haus des Herrn
darf ich wohnen für lange Zeit.

Von guten Mächten

*T.: Dietrich Bonhoeffer © Gütersloher Verlagshaus, Gütersloh,
in der Verlagsgruppe Random House GmbH, München
M.:Siegfried Fietz, © ABAKUS Musik Barbara Fietz, 35753 Greifenstein*

1. Von guten Mächten still und treu umgeben, behütet und getröstet wunderbar, so will ich diese Tage mit euch leben und mit euch gehen jetzt und immerdar. Refr.: Von guten Mächten wunderbar geborgen, erwarten wir getrost, was kommen mag. Gott ist mit uns am Abend und am Morgen und ganz gewiss an jedem neuen Tag.

2. Noch will Vergangnes unsre Herzen quälen, noch drückt uns böser Tage schwere Last. Ach, Herr, gib unsern aufgescheuchten Seelen das Heil, das Du für uns bereitet hast.

3. Und reichst Du uns den schweren Kelch, den bittern des Leids, gefüllt bis an den höchsten Rand, so nehmen wir ihn dankbar ohne Zittern aus Deiner guten und geliebten Hand.

4. Doch willst Du uns noch einmal Freude schenken an dieser Welt und ihrer Sonne Glanz, dann wolln wir des Vergangenen gedenken, und dann gehört Dir unser Leben ganz.

5. Lass warm und still die Kerze heute flammen, die Du in unsere Dunkelheit gebracht. Führ, wenn es sein kann, wieder uns zusammen. Wir wissen es, Dein Licht scheint in der Nacht.

6. Wenn sich die Stille tief nun in uns breitet, so lass uns hören jenen vollen Klang der Welt, die unsichtbar sich um uns weitet, all Deiner Kinder hohen Lobgesang.

Der Herr gibt es den Seinen im Schlaf (Ps 127,2)

Gesamtdarstellung

Die Gewissheit, dass wir hart arbeiten müssen, um in unserem Leben etwas zu erreichen, sitzt uns sehr tief in Kopf und Knochen. Dabei wird uns eigentlich eine ganz andere Erfahrung mit in die Wiege gelegt: Mein Leben kann ich mir nicht selbst geben. Die Grundlagen meiner Existenz liegen außerhalb meiner Verfügungsgewalt. Wir bleiben nicht in der Wiege, sondern werden erwachsen, übernehmen selbst Verantwortung und gestalten unser Leben. Zu dieser Erfahrung gesellt sich allerdings ein Lernprozess, der hin und wieder in der Feststellung anklingt, dass ich mir die wesentlichen Dinge meines Lebens nicht kaufen oder erarbeiten kann: Ich darf sie mir – im Schlaf, d.h. in der Haltung des Empfangenden – schenken lassen.

Dieser Familientag will ins Bewusstsein rufen, was uns an Gutem bereits in die Wiege gelegt ist. Dabei wollen nicht nur Kinder von ihren Eltern darauf aufmerksam gemacht werden, dass sie schon zehn Lego-Baustein-Sets im Kinderzimmer haben. Vielmehr wollen wir uns gemeinsam unseres Beschenktseins erinnern, manche Chancen, Möglichkeiten und Fähigkeiten, die uns wie im Schlaf geschenkt sind, ins Bewusstsein heben und diese als Fundament unseres Glaubens und des daraus geprägten Lebens und Handelns neu entdecken.

Ein gemeinsamer Einstieg soll diesen Problemkreis bewusst machen. Das fehlende Lego-Baustein-Set, das eigene Nichtkönnen, das halb leere Glas kommt uns schneller in den Blick – und dabei wird übersehen, was da schon grundgelegt ist, welche Gaben und Geschenke in einem Jeden von uns schlummern. Unseren Blick darauf zu richten, soll durch den Einstieg ermöglicht werden.

In den vier Altersgruppen wird es eine unterschiedliche Vertiefung geben:

- Die Gruppe der Jüngsten hört Märchen vom „Sterntaler". Die Erfahrung, offene (leere) Hände gefüllt zu bekommen, steht dabei im Mittelpunkt. Die Kinder erzählen sich Erfahrungen eigenen Beschenktseins, sichern diese eigenen Sterntaler in einer Schatztruhe und geben aus dieser Fülle Dankeschön und Freude weiter.
- Als Grundlage für die Schulkinder dient das Lied „Du bist gut zu mir". Anhand dieses Textes erinnern sich die Kinder an Momente und Erfahrungen, die für sie den Titel „Gott meint es gut mit mir" tragen.
- Den Jugendlichen wird in diesem Themenbereich eine mehr hörende und dann reflektierende Auseinandersetzung zugetraut. Im Gespräch mit lebenserfahrenen Gemeindemitgliedern sollen sie Erfahrungen sammeln, die Menschen mit ihrem Gott gemacht haben; Erfahrungen des Getragenwerdens auch in schwierigen Zeiten.
- Für die Gruppe der Erwachsenen steht das „Magnifikat" im Mittelpunkt, damit verbunden die Beterin dieses Textes. Maria stimmt dieses Lied an, trotz der durch Gott etwas durcheinander gebrachten Lebenspläne. Sie lobt die Größe Gottes. Mit diesem Blickwinkel versteht sich die Bibelarbeit zum „Magnifikat" als Einladung zum Perspektivwechsel. Angesichts von Veränderungen im eigenen Lebensplan stellt sich ein Blick vor, der nicht in erster Linie auf das Verlorene zurückschaut, sondern auf das für die Zukunft Ermöglichte. Für diese Größe darf Gott auch von uns heute gepriesen und geschätzt werden.

Dies soll dann auch den Abschluss dieses Tages bilden. Im Bewusstsein des Beschenktseins miteinander Gott zu danken, vor IHM dies aufleuchten zu lassen und IHN gemeinsam zu feiern.

Theologische und didaktische Aspekte

„Hast du mich trotzdem noch lieb?" so fragen Kinder, wenn sie mit schwierigen Realitäten konfrontiert werden und das Gefühl von unbedingtem Getragensein erschüttert wurde. In analoger Weise begegnet dies auch am Ende des Lebens: „Was kann ich dir denn Gutes tun?" so fragen kranke und ältere Menschen, die ihrer eigenen Ohnmacht etwas entgegensetzen möchten. Bin ich geliebt, getragen, beschenkt? – Bedingungslos? Oder muss ich mir dies erarbeiten, erst per Vorschuss erkaufen? Die Eindeutigkeit unseres Glaubens ist hier lebenspraktisch immer wieder in Frage gestellt.

Gottes Handeln an uns ist bedingungslos – kommt unserem Handeln gnadenhaft zuvor. Während kleinere Kinder einen verhältnismäßig unverstellten und natürlichen Zugang zu dieser Glaubensgrundlage haben, wird es in anderen Lebensphasen sehr schnell verdrängt, weil eben lebenspraktisch das eigene Handeln und die selbst zu tragende Verantwortung ein größeres Gewicht bekommen.

Dieser Familientag versteht sich als Einübung in diese Seite unserer menschlichen Existenz. Eigenes Beschenktsein stärker in den Blick zu nehmen, will Freiheit ermöglichen und einladen, dieses Bewusstsein, als Ausgangspunkt des eigenen Lebens und Handelns als glaubender Mensch zu festigen.

Der Ausgangspunkt für diese Perspektive lässt sich biblisch in den Schöpfungserzählungen festmachen. Gott schafft seine Welt zum Guten, lässt aus Nichts (2 Makk 7,28) – d.h. bedingungslos – Etwas werden. Die Motivation Gottes unterliegt dabei keinen Zwecken und keiner Frage nach dem Nutzen, sondern einzige Motivation seines Tuns ist bedingungslose Liebe, die nicht in sich ruht und sich selbst genügt, sondern Leben und Freiheit für andere, für die Schöpfung, ja auch für uns ermöglicht.

Leben und Freiheit dieser Schöpfung wird allerdings immer wieder als begrenzt, gebrochen und erlösungsbedürftig erfahren. Trotz aller menschlichen Bemühungen durch Gebote, Gesetze, Ethik und Handeln das Maß an erfahrbarer Freiheit und Lebendigkeit zu weiten, bleibt diese Bedürftigkeit, bleibt die Sehnsucht nach Erlösung, nach gelingendem, vollendetem und erfülltem Leben.

Auch hier wird in Menschwerdung, Leben, Leiden, Sterben und Auferstehen Jesu Gottes erlösendes Handeln deutlich. „Er hat unsere Sünden mit seinem Leib auf das Holz des Kreuzes getragen, damit wir tot seien für die Sünde und für die Gerechtigkeit leben. Durch seine Wunden seid ihr geheilt." (1 Petr 2,24)

Sowohl der schöpfungstheologische als auch der soteriologische Aspekt spiegeln sich im Titel des Familientages wider. Der Herr gibt Leben, Freiheit, Vollendung, geglücktes Leben nicht als Belohnung, nicht als (erkauftes) Resultat vollkommenen menschlichen Handelns, sondern er gibt bedingungslos aus seiner vollkommenen Liebe. Seinen Freunden, die aus seiner Liebe ins (irdische wie vollendete) Leben gerufen sind, gibt er das Nötige eben im Schlaf (vgl. Ps 127,2).

Diese Perspektive soll in den verschiedenen Altersgruppen durch die Teilnehmer des Familientages eingeübt werden. Dabei soll in den beiden jüngeren Gruppen das Bewusstsein geschult werden, Erfahrungen des Beschenktseins bewusst zu machen, und diese nicht der Selbstverständlichkeit und Vergessenheit preiszugeben.

Die vier- bis achtjährigen Kinder nehmen das Märchen vom „Sterntaler" aus Ausgangspunkt. Die Sprache des Märchens ermöglicht Kindern einen leichteren Zugang zur Erfahrungswelt eines mit offenen Armen beschenkten Menschen. Dieser Zugang erleichtert es den Kindern, die im Hören des Märchens vergegenwärtigte Erfahrung mit den je eigenen zu vergleichen. Die dabei für die Kinder lebendig gewordenen Bilder sollen ihnen helfen, ihren Erfahrungsschatz in Worte zu fassen und mit den anderen zu teilen.

Für die nächstältere Gruppe bildet das Lied „Du bist gut zu mir" die Grundlage. Dieses Lied drückt eine Grundstimmung aus, die den Titel nicht nur als kognitive Einsicht in den Raum stellt. Diese Atmosphäre soll zunächst mit den Inhalten des Liedes gefüllt werden und dann durch lebendige Erinnerungen ausgemalt werden. Die kreative Umsetzung soll diese subjektiven Erfahrungen greifbar und kommunizierbar machen.

Im Blick auf die Jugendlichen wurde eine methodisch andere Herangehensweise gewählt. In der Suche nach Orientierung bietet sich hier die Begegnung mit authentischen Lebenszeugnissen an. Die durch andere vorgelegte Erfahrung und Deutung bietet den Jugendlichen die Chance, eigene Erfahrungen zu sichten und in ähnlicher Weise zu deuten. Im Zuhören und Nachfragen können sie Orientierung im Blick auf ihren eigenen Lebensweg finden.

Für einen medialen Einstieg bietet sich hier unter Umständen der Zeichentrickfilm „Opas Engel" *(Animationsfilm von Katrin Magnitz nach dem gleichnamigen Buch von Jutta Bauer, 2002)* an. In prägnanten Bildern und Worten wird darin greifbar, wie ein Großvater die Glücksmomente seines Lebens erzählend an seinen Enkel weitergibt und für seinen Lebensweg hin öffnet.

In der Arbeit mit den Erwachsenen wird die Situation des Magnifikat in den Mittelpunkt gerückt. Neben dem Außergewöhnlichen der Situation Marias soll die Vergleichbarkeit in den Blick kommen. Dieser Weg wird beschritten durch die Aneignung des Textes. Dabei dienen die Verben, die das Handeln Gottes im Lebens Marias beschreiben, als Brücke zu den Erfahrungen, die Menschen heute mit dem Handeln Gottes in ihrem Leben machen bzw. gemacht haben.

In der abschließenden liturgischen Feier können die unterschiedlichen Aspekte der einzelnen Gruppen zusammenfließen. Um die paulinische Feststellung, dass alle auch noch so unterschiedlichen Gaben und Begabungen Gottes Geschenk sind, gruppieren sich die einzelnen Bausteine. Menschen, denen dabei gedankt wird (durch die Jüngsten) verweisen auf die im Lied ausgedrückte (und von den jüngeren Schulkindern erarbeitete) Feststellung: Du, Gott, bist gut zu mir. Der gemeinsame Dank für eigenes (Gruppe der Erwachsenen) und fremdes (Jugendliche) Beschenktsein verbindet abschließend alle im gemeinsamen Gebet des Magnifikat.

Ideen zur Einstimmung zu Hause

- Familienfotos glücklicher Ereignisse gemeinsam anschauen
- Jutta Bauer, Opas Engel, Carlsen-Verlag 2003, 978-3551516091

Ziele

Dieser Familientag will die Teilnehmer für die Wahrnehmung des eigenen Beschenktseins sensibilisieren und dabei den Fokus auf die individuellen Chancen, Fähigkeiten und Geschenke richten.

4-8 Jahre: Die Kinder erschließen sich das Märchen „Sterntaler". Sie übertragen das Bild der Sterntaler, die vom Himmel fallen, auf die eigenen Erfahrungen, heben diese ins Bewusstsein, sichern sie und schenken anderen etwas von der erfahrenen Fülle.

9-12 Jahre: Die Kinder werden aufmerksam für Momente ihres Lebens, in denen sie sagen können: „Hier meint Gott es gut mit mir"! Im Austausch darüber bringen sie diese betend vor Gott.

13-17 Jahre: Die Jugendlichen lernen Menschen der eigenen Gemeinde kennen und interviewen diese. Dabei lassen sie sich erzählen, in welchen Situationen erfahrbar werden kann, dass auch gegen allen äußeren Anschein Gott seine Hand im Spiel hat. Sie reflektieren diese Erzählungen als Ermutigung, das Handeln Gottes im eigenen Leben stärker wahrzunehmen.

Erwachsene: Die Erwachsenen nehmen wahr, dass wir oft mit Enttäuschung, Trauer, aber auch Wut auf Veränderungen unserer Lebenspläne oder gar das Scheitern dieser reagieren.
Das Magnifikat eröffnet andere Perspektiven der Antwort: Gottes Begleitung und Führung im Leben entdecken zu können und zu wollen, ist eine Herausforderung, die sich nicht von allein ergibt, aber eingeübt oder auch von Vorbildern gelernt werden kann. Der Text und das Beten des Magnifikats soll als eine solche Hilfe vorgestellt werden.

Ablauf

Einstieg

Schritte	Material
• Lied: Solang der Mond am hohen Himmel steht	*Liedblatt*
• Rollenspiel I: 　* Ein kleineres Kind wird in die Rolle eines Kindes eingeführt, dass unbedingt etwas haben möchte. Es soll einen Wunsch äußern und mit Nachdruck um das Geschenk bitten. 　* Ein Erwachsener spielt Mutter oder Vater dazu und macht dem Kind klar, was es schon alles hat, und dass es dieses Geschenk eigentlich nicht auch noch braucht.	*In beiden Rollenspielen sollten insgesamt alle 4 Altersgruppen vertreten sein.*
• Rollenspiel II: 　* Die Reparatur des eigenen Mopeds will nicht gelingen. Momentaner Frust macht sich breit. Ein Jugendlicher denkt über sich sehr pessimistisch nach. 　* Ein Schulkind ermutigt den Jugendlichen, indem es auf Dinge hinweist, die der Jugendliche schon ganz klasse bewältigt hat, wie zum Beispiel eine Fahrradreparatur.	
• An die beiden Rollenspiele sollte sich ein kommentierendes und vertiefendes Gespräch anschließen. • Dieses kann durch Beispiele aus der Runde bereichert werden. • Zusammenfassung: 　* Manchmal brauchen wir jemanden, der uns aufmerksam macht für das, was schon da ist. – Dies soll in den folgenden Gruppenarbeiten noch etwas intensiver beleuchtet werden.	
• Lied: Volltreffer	*Liedblatt*

4-8 Jahre

Schritte	Material
Spiel: Taler, Taler, du musst wandern	
Märchen „Sterntaler" wird erzählt	Märchentext
• Das kleine Mädchen im eben gehörten Märchen steht mit offenen Armen und Händen da. • In dieser Offenheit wird es beschenkt. • Auch wir werden beschenkt, auch bei uns fallen „Sterne vom Himmel": ∗ Die Kinder erzählen von ihren Sterntalern – von dem, was sie geschenkt bekommen haben. • Die „Sterntaler" der Kinder werden auf Kartonsternen notiert.	Als zusätzliche Anregung bietet sich evtl. das Heft „Fortgehen – Heimkommen" aus Religionspädagogische Praxis 3/1979, RPA-Verlag an. Sterne aus Karton, Stifte
Solche „Sterntaler" sollten wir nicht vergessen. – Sie sind Schätze, die unser Leben bereichern.	
Gestalten einer Schatztruhe	Kopie der Truhe auf Karton, Vorlagen, Schere, Leim
Die Kinder gestalten einen oder mehrere weitere Sterntaler, auf denen sie Menschen darstellen, die ihnen etwas Gutes getan haben.	
Die Kinder erzählen von ihren Sterntalern, legen diese in ihre Schatztruhe. Nach jeder Erzählung wird der Kehrvers: „Danket, danket dem Herrn." gesungen.	GL 283
Die Kinder gestalten weitere Sterntaler zum Weiterschenken.	Sterne aus Karton, Stifte etc.
Abschluss mit einem Spiel: „Taler, Taler, du musst wandern"	

9-12 Jahre

Schritte	Material
• Lied: Du bist gut zu mir	Liedblatt

• Arbeit am Liedtext
    ∗ Was spricht euch an?
    ∗ Ausschneiden der Gedanken des Liedes und nach eigener Wertigkeit sortieren
    ∗ Welcher Gedanke des Liedes gefällt euch besonders? – Jeder notiert dies für sich.
	Kopie des Liedtextes ohne Noten
	Scheren

• Vorstellen der Gedanken ergänzt mit Beispielen aus dem eigenen Lebensumfeld.	
• Gestalten einer Collage, in der Situationen zum Ausdruck kommen, welche die Erfahrungen in der Gegenwart der Kinder widerspiegelt.	große Papierbögen, Gestaltungsmaterial, Schere, Leim, Stifte

• Die Kinder stellen sich gegenseitig ihre Collagen vor. • Nach jeder Präsentation wird der Refrain des Liedes „Du bist gut zu mir" gesungen.	
• Am Ende eines jeden Schöpfungstages stellt Gott fest: Es war gut! Es war sehr gut! – Auch wir dürfen uns dies zusagen lassen	
• Gebetsabschluss Gott, du meinst es gut mit uns. Wir sind dir wichtig, ebenso wie alle, mit denen wir zusammen sind: Zu Hause und in der Schule, auf der Straße und in der Kirche. Herr, unser Gott, Du meinst es gut mit uns. Du hast uns das Leben gegeben und all das, was wir gut können. Du beschenkst uns jeden Tag. Mit deinen Geschenken zeigst du uns den Weg zum Leben. Wir danken dir für deine Liebe.	

13-17 Jahre

Schritte	Material

• Einleitung:
    * Wenn man mitten in einer Situation steckt, sieht vieles ganz anders aus als im Nachhinein.
    * Rückblickend werden oft staunenswerte Dinge deutlich.	

• Je zwei Jugendliche interviewen einen Erwachsenen aus der Gemeinde, der bereit ist, sich Fragen zu seinem Leben zu stellen. • Alternativen: * Die gesamte Gruppe interviewt einen eingeladenen Gesprächspartner.	*Besuche bei Gemeindemitgliedern nach Vorabsprache*

• Zum Einstieg:
    * gegenseitige Vorstellung
    * bisheriges vom Familientag erzählen
• Die Fragen:
  1. Welches war das größte Geschenk Ihres Lebens?
  2. Was war für Sie die größte Schwierigkeit, die Sie meistern mussten? Was hat Ihnen dabei geholfen?
  3. In welchen Ereignissen und Erfahrungen haben Sie nachträglich erkannt, dass Gott seine Hand im Spiel hatte?
  4. Was fällt Ihnen ein, wenn Sie folgenden Satz hören: „Du wirst den Weg geführt, den du gewählt hast!"
	Fragen als Kopie

• Austausch und Reflexion im Plenum der Jugendlichen	
• Stellvertretend formulieren die Jugendlichen kurze Dankgebete für die Situationen, die ihnen erzählt wurden. • Als Beispiel können Auszüge aus Ps 21,2-7 genutzt werden.	*Papier, Stifte*

Erwachsene

Schritte	Material
• Was da Gott alles in Marias Leben durcheinander gebracht hat! … Man müsste eigentlich wettern und schimpfen! … Aber sie stimmt das Magnifikat an! …	
• Menschen, die sich von Gott beschenkt wissen, werden dankbare Menschen sein. Maria, das einfache jüdische Mädchen, wird von Lukas als von Gott Beschenkte in der Kindheitsgeschichte seines Evangeliums eingeführt. Ihre Dankbarkeit bringt Maria in einem Lied in der jüdischen Tradition der Psalmen zum Ausdruck.	
• Einführung in das Beten des Magnifikat (ebenso für Psalmen geeignet) 　∗ Durch einen Impuls kann man folgenden Gedanken anfügen: Im Einatmen nehme ich Gottes Ja zu meinem Leben an und im Ausatmen vertraue ich mich ihm an und glaube, dass er mich im nächsten Atemzug neu beschenkt. 　∗ Einatmen und dann langsam den Atem ausströmen lassen. Dies wird nun mehrmals ohne Text wiederholt. 　∗ Atemübung: 　　einatmen – erster Halbvers – weiter ausatmen 　　einatmen – zweiter Halbvers – weiter ausatmen	
• Textbegegnung: 　∗ Das Beten des Magnifikat schließt sich nahtlos an die Atemübung an. 　∗ Text in der Gruppe laut lesen – dabei sprechen sich zwei Gruppen jeweils die Verse zu. 　∗ Zeit der Stille ermöglichen, um den Text nachklingen zu lassen.	*Text des Magnifikat für jeden*
• Textaneignung: 　∗ Katechet hebt hervor: Maria preist Gottes HANDELN 　∗ Die Teilnehmer markieren die Verben im Text. 　∗ Sammeln der Verben auf einem Plakat	*Stifte* *Plakat, Edding*
• Weiterführung im Gespräch 　∗ Nun können die „Tätigkeiten Gottes" mit eigenen Erfahrungen gefüllt werden. 　∗ In welche Ereignissen und Erfahrungen meines/unseres Lebens findet sich ein ähnliches Handeln Gottes wieder?	
• Singend wird das Magnifikat zum Abschluss noch einmal im Wechsel der beiden Gruppen gebetet.	*GL 688*

Liturgische Bausteine zum Abschluss

Schritte	Material
• Lied: Du bist gut zu mir	Liedblatt
• Die Kinder (4-8 Jahre) überreichen einen Stern an einen Menschen, dem sie danken wollen.	
• Lied: Danket dem Herrn	GL 283
• 1 Kor 12,4-11	
• Lied: Gott gab uns Atem	GL 945
• Dankgebete der Jugendlichen	
• Lied: Groß sein lässt meine Seele den Herrn	Liedblatt

Anregungen zur Weiterarbeit

- Am Morgen zehn Erbsen in die linke Hosentasche und für jedes schöne, dankenswerte Ereignis eines Tages eine Erbse in die rechte Hosentasche legen.
  Es wird wohl wenige Tage geben, an denen die linke Tasche voller als die rechte ist!
- Als Familie kann das gemeinsame Abendgebet mit einer Dankrunde begonnen werden für alles, was an diesem Tag dankbar als Geschenk erlebt wurde.
- Ein Dankpsalm (Ps 23, Ps 106, Ps 150) als regelmäßiger Begleiter.
- Die Interviews der Jugendlichen können auf Video oder Diktiergerät mitgeschnitten werden und beim nächsten Jugendabend angeschaut und reflektiert werden.
- Jedem Teilnehmer des Familientages könnte ein biblischer Gedanke mit auf den Weg gegeben werden. (Vorschläge im Materialanhang)

Materialien

Die Sterntaler

Es war einmal ein kleines Mädchen, dem war Vater und Mutter gestorben, und es war so arm, dass es kein Kämmerchen mehr hatte, darin zu wohnen, und kein Bettchen mehr hatte, darin zu schlafen, und endlich gar nichts mehr als die Kleider auf dem Leib und ein Stückchen Brot in der Hand, das ihm ein mitleidiges Herz geschenkt hatte. Es war aber gut und fromm. Und weil es so von aller Welt verlassen war, ging es im Vertrauen auf den lieben Gott hinaus ins Feld. Da begegnete ihm ein armer Mann, der sprach: »Ach, gib mir etwas zu essen, ich bin so hungrig.« Es reichte ihm das ganze Stückchen Brot und sagte: »Gott segne dir's«, und ging weiter. Da kam ein Kind, das jammerte und sprach: »Es friert mich so an meinem Kopfe, schenk mir etwas, womit ich ihn bedecken kann.« Da tat es seine Mütze ab und gab sie ihm. Und als es noch eine Weile gegangen war, kam wieder ein Kind und hatte kein Leibchen an und fror: da gab es ihm seins; und noch weiter, da bat eins um ein Röcklein, das gab es auch von sich hin. Endlich gelangte es in einen Wald, und es war schon dunkel geworden, da kam noch eins und bat um ein Hemdlein, und das fromme Mädchen dachte: »Es ist dunkle Nacht, da sieht dich niemand, du kannst wohl dein Hemd weggeben«, und zog das Hemd ab und gab es auch noch hin. Und wie es so stand und gar nichts mehr hatte, fielen auf einmal die Sterne vom Himmel, und waren lauter blanke Taler; und ob es gleich sein Hemdlein weggegeben, so hatte es ein neues an, und das war vom allerfeinsten Linnen. Da sammelte es sich die Taler hinein und war reich für sein Lebtag.

Bastelanleitung

1. Der Grundriss der Truhe wird gemäß A1 (Darstellung hier 50% der Originalgröße) auf festen braunen Tonkarton übertragen.

2. Die vier Wände werden entlang der gestrichelten Linie nach oben, die Kanten der Seitenteile nach innen geknickt. Es empfiehlt sich, mithilfe eines Lineals die Linien vorzuknicken.

3. Die Seitenwände werden Kante auf Fläche zusammengeklebt.

4. Die Kanten der Rundungen werden im Abstand von ☐ cm eingeschnitten und nach innen geknickt.

5. Der Deckel wird im Halbrund nach vorn gebogen.

6. Die Vorlagen für Verschluss, Riegel (A2) und Ecken (A3) in der hier dargestellten Größe auf schwarzen Tonkarton übertragen und ausschneiden.

7. Die Dreiviertelkreise für die Ecken werden entlang der gestrichelten Linien geknickt und mit ausreichend Flüssigkleber angeklebt.

8. Der Verschluss wird mittig an den Deckel angeklebt.

9. Die Truhe wird geschlossen und die Position des Riegels mit dem Bleistift markiert. Dann wird der Riegel an der Schatztruhe befestigt.

Die Truhe kann je nach Geschmack verziert und geschmückt werden. Besonders schön wirkt sie, wenn sie innen mit einem roten oder glänzenden Tuch ausgeschlagen wird.

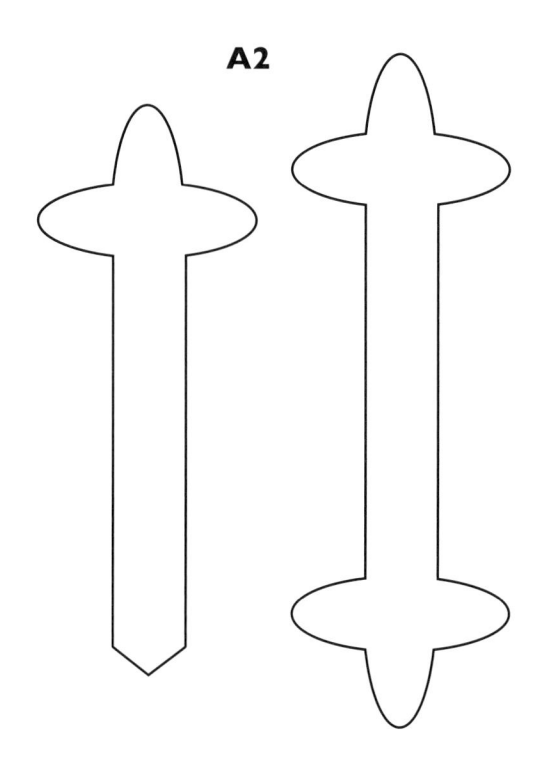

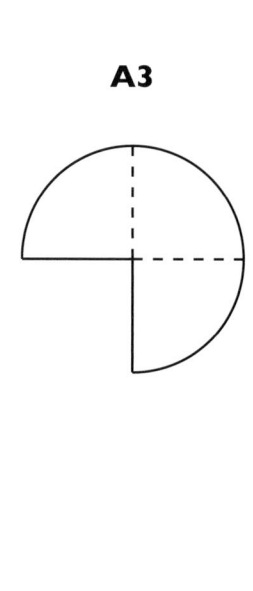

A2

A3

| 1 cm
| 6 cm
| 9 cm
| 6 cm
| 14 cm

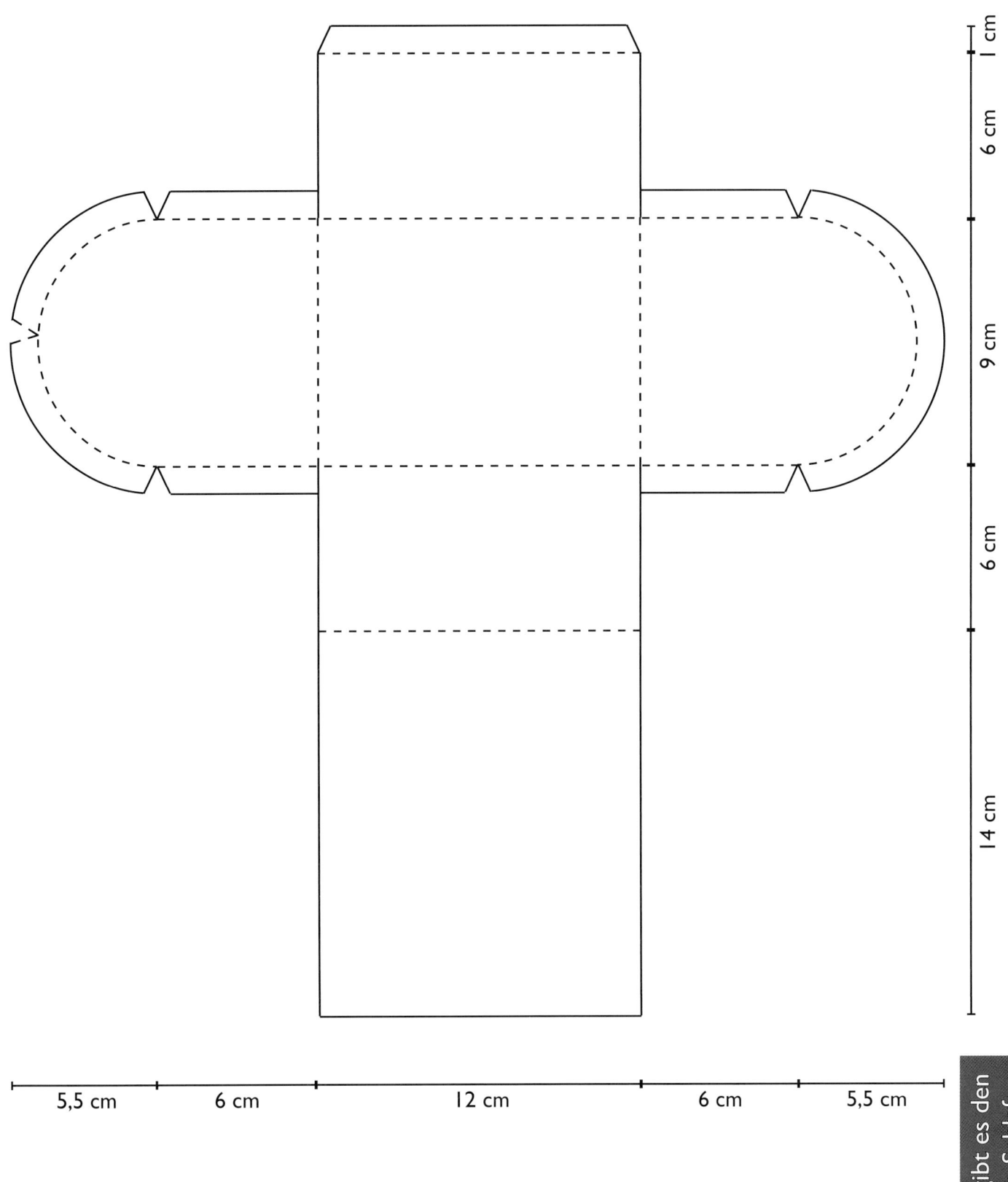

5,5 cm | 6 cm | 12 cm | 6 cm | 5,5 cm

A1

50 %

Der Herr gibt es den Seinen im Schlaf

Kopiervorlage „Sterntaler"

1. Ich lobe dich, o Gott,
in deinen Händen schwebt das All.
Du bist der Grund der Welt, schaffst Leben ohne Zahl.
Dein Atem weht und wirkt in Menschen, Tieren, Raum und Zeit, so weit!

2. Ich lobe dich, o Gott,
du bist mir nahe wie ein Hauch;
umgibst mich wie die Luft, die ich zum Atmen brauch.
Bin ich mal traurig und allein, dann spür ich: Du bist hier, bei mir!

3. Ich lobe dich, o Gott,
ohne dich wär mein Leben leer,
doch ich entdecke dich in allem um mich her.
Im blühnden Baum im neugebornen Kind, da lächelst du mir zu!

Du bist gut zu mir, so gut zu mir, o Herr,
alles, was ich brauch, gibst du mir und noch viel mehr.
Du bist gut zu mir, so gut zu mir, o Herr,
alles, was ich brauch, gibst du mir.

4. Ich erkenne, dass es mich gibt, weil du mich liebst,
und was ich zum Leben brauche, du mir gibst.
Ich weiß, dass, was auch passiert, mich deine Hand immer führt,
und all das tut so gut!

Du bist gut zu mir, so gut zu mir, o Herr,
alles, was ich brauch, gibst du mir und noch viel mehr.
Du bist gut zu mir, so gut zu mir, o Herr,
alles, was ich brauch, gibst du mir. Du bist gut zu mir!

Notizen zum Interview

Zum Ankommen:

* gegenseitige Vorstellung
* bisheriges vom Familientag erzählen

Die Fragen:

1. Welches war das größte Geschenk Ihres Lebens?

   ....

   ....

   ....

   ....

2. Was war für Sie die größte Schwierigkeit, die Sie meistern mussten?
   Was hat Ihnen dabei geholfen?

   ....

   ....

   ....

   ....

3. In welchen Ereignissen und Erfahrungen haben Sie nachträglich erkannt, dass Gott seine Hand im Spiel hatte?

   ....

   ....

   ....

   ....

4. Was fällt Ihnen ein, wenn Sie folgenden Satz hören: „Du wirst den Weg geführt, den du gewählt hast!"

   ....

   ....

   ....

   ....

Magnifikat

Meine Seele preist die Größe des Herrn, *
und mein Geist jubelt über Gott, meinen Retter.

Denn auf die Niedrigkeit seiner Magd hat er geschaut. *
Siehe, von nun an preisen mich selig alle Geschlechter.

Denn der Mächtige hat Großes an mir getan, *
und sein Name ist heilig.

Er erbarmt sich von Geschlecht zu Geschlecht *
über alle, die ihn fürchten.

Er vollbringt mit seinem Arm machtvolle Taten: *
Er zerstreut, die im Herzen voll Hochmut sind;

er stürzt die Mächtigen vom Thron *
und erhöht die Niedrigen.

Die Hungernden beschenkt er mit seinen Gaben *
und lässt die Reichen leer ausgehen.

Er nimmt sich seines Knechtes Israel an *
und denkt an sein Erbarmen,

das er unsern Vätern verheißen hat, *
Abraham und seinen Nachkommen auf ewig.

> Der Herr gibt es den Seinen im Schlaf

Ps 147,1+3
Gut ist es, unserm Gott zu singen; schön ist es, ihn zu loben. Der Herr heilt die gebrochenen Herzen und verbindet ihre schmerzenden Wunden.

Mk 10,18
Jesus antwortete: Warum nennst du mich gut? Niemand ist gut außer Gott, dem Einen.

1Tim 4,4
Denn alles, was Gott geschaffen hat, ist gut, und nichts ist verwerflich, wenn es mit Dank genossen wird.

Dtn 23,15
Denn der Herr, dein Gott, hält sich in der Mitte deines Lagers auf, um dich der Gefahr zu entreißen und dir deine Feinde auszuliefern.

Gen 30,20
Gott hat mich mit einem schönen Geschenk bedacht.

Ps 68,20
Gepriesen sei der Herr, Tag für Tag! Gott trägt uns, er ist unsere Hilfe.

Mt 10,31
Fürchtet euch also nicht! Ihr seid mehr wert als viele Spatzen.

Mt 10,8
Jesus sprach zu seinen Jüngern: Umsonst habt ihr empfangen, umsonst sollt ihr geben.

Jes 55,1
Auf, ihr Durstigen, kommt alle zum Wasser! Auch wer kein Geld hat, soll kommen. Kauft Getreide und esst, kommt und kauft ohne Geld, kauft Wein und Milch ohne Bezahlung!

Ps 127,2
Der Herr gibt es den Seinen im Schlaf.

2 Kor 9,15
Dank sei Gott für sein unfassbares Geschenk.

Jak 1,16-17
Lasst euch nicht irreführen, jede gute Gabe und jedes vollkommene Geschenk kommt von oben, vom Vater des Himmels.

1 Petr 4,10
Dient einander, jeder mit der Gabe, die er von Gott empfangen hat.

Ps 23,1
Der Herr ist mein Hirte, nichts wird mir fehlen.

Ps 23,4
Muss ich auch wandern in finsterer Schlucht, ich fürchte kein Unheil; denn du bist bei mir, dein Stock und dein Stab geben mir Zuversicht.

Gen 1,31
Gott sah alles an, was er gemacht hatte: Es war sehr gut.

Jdt 9,11
Denn deine Macht stützt sich nicht auf die große Zahl, deine Herrschaft braucht keine starken Männer, sondern du bist der Gott der Schwachen und der Helfer der Geringen; du bist der Beistand der Armen, der Beschützer der Verachteten und der Retter der Hoffnungslosen.

Jes 45,18
Denn so spricht der Herr, der den Himmel erschuf, er ist der Gott, der die Erde geformt und gemacht hat - er ist es, der sie erhält, er hat sie nicht als Wüste geschaffen, er hat sie zur Freude gemacht.

Ps 31,4
Denn du, Gott, bist mein Fels und meine Burg; um deines Namens willen wirst du mich führen und leiten.

Dtn 1,31
Das gleiche tat er in der Wüste, du hast es selbst erlebt. Da hat der Herr, dein Gott, dich auf dem ganzen Weg, den ihr gewandert seid, getragen, wie ein Vater seinen Sohn trägt, bis ihr an diesen Ort kamt.

Ps 57,2
Sei mir gnädig, o Gott, sei mir gnädig; denn ich flüchte mich zu dir. Im Schatten deiner Flügel finde ich Zuflucht, bis das Unheil vorübergeht.

Ps 32,7
Du bist mein Schutz, bewahrst mich vor Not; du rettest mich und hüllst mich in Jubel.

Jes 4,5-6
Denn über allem liegt als Schutz und Schirm die Herrlichkeit des Herrn; sie spendet bei Tag Schatten vor der Hitze und ist Zuflucht und Obdach bei Unwetter und Regen.

Ps 143,10-11
Denn du bist mein Gott. Dein guter Geist leite mich auf ebenem Pfad. Um deines Namens willen, Herr, erhalte mich am Leben, führe mich heraus aus der Not in deiner Gerechtigkeit!

Ps 46,3-4
Darum fürchten wir uns nicht, wenn die Erde auch wankt, wenn Berge stürzen in die Tiefe des Meeres, wenn seine Wasserwogen tosen und schäumen und vor seinem Ungestüm die Berge erzittern. Der Herr der Heerscharen ist mit uns, der Gott Jakobs ist unsre Burg.

Der Herr gibt es den Seinen im Schlaf

Solang der Mond

T.: und M.: Jürgen Triebert

So-lang der Mond am ho-hen Him-mel steht, so wie die Wol-ken von dem Wind ge-tra-gen, so-bald die Son-ne vor dem Tag auf-geht, bist Du da, Herr, mir ganz nah, Herr, bist bei mir in mei-nem Ge-bet.

1. Woll-test mich, so wie ich ent-stand, kunst-voll sind al-le Dei-ne Wer-ke. Dan-ke, dass Du mich wun-der-bar ge-schaf-fen hast nach Dei-nem Wil-len.

2. Du kennst mich, Du hast mich er-forscht, Du er-kennst all mei-ne Ge-dan-ken. Wo auch im-mer ich geh, was ich tu, Du bist ver-traut mit mei-nen We-gen.

3. Wollt ich fliehn, Herr, vor Dei-nem Geist, tief ins Merr, hoch auf Ber-ge flüch-ten, Du wärst dort und mir un-end-lich nah, leg-test die Hand schüt-zend auf mich.

4. Sieh auf mich, prü-fe, Herr, mein Herz. Sieh auf mich, Gott, er-forsch mein Den-ken. Sieh ob ich auf dem Weg zu Dir bin und lei-te mich auf Dei-nem Pfad.

Der eine Geist und die vielen Gaben
1Kor 12,4-11

Es gibt verschiedene Gnadengaben, aber nur den einen Geist. Es gibt verschiedene Dienste, aber nur den einen Herrn. Es gibt verschiedene Kräfte, die wirken, aber nur den einen Gott: Er bewirkt alles in allen. Jedem aber wird die Offenbarung des Geistes geschenkt, damit sie anderen nützt. Dem einen wird vom Geist die Gabe geschenkt, Weisheit mitzuteilen, dem andern durch den gleichen Geist die Gabe, Erkenntnis zu vermitteln, dem dritten im gleichen Geist Glaubenskraft, einem andern - immer in dem einen Geist - die Gabe, Krankheiten zu heilen, einem andern Wunderkräfte, einem andern prophetisches Reden, einem andern die Fähigkeit, die Geister zu unterscheiden, wieder einem andern verschiedene Arten von Zungenrede, einem andern schließlich die Gabe, sie zu deuten. Das alles bewirkt ein und derselbe Geist; einem jeden teilt er seine besondere Gabe zu, wie er will.

Volltreffer

T.: und M.: Daniel Kallauch (6.+7. Str.: Matthias Slowok) – © cap-music, 72221 Haiterbach-Beihingen

Voll - Voll - Voll-tref-fer, ja, ein Voll-tref-fer Got-tes bist du!
Voll - Voll - Voll-tref-fer, du bist wert-voll, ja, du!

1. Wun-der-bar bist du ge-macht mit dei-nen schö-nen Au - gen.
2. Wun-der-bar bist du ge-macht mit dei-nen schö-nen Oh - ren.
3. Wun-der-bar bist du ge-macht mit dei-nen schö-nen Bei - nen.
4. Wun-der-bar bist du ge-macht mit dei-nen bei-den Hän - den.
5. Wun-der-bar bist du ge-macht mit dei-ner gro-ßen Na - se.
6. Wun-der-bar bist du ge-macht mit dei-nem gro-ßen Her - zen.
7. Wun-der-bar bist du ge-macht mit dei-ner lei-sen See - le.

Freu dich, dass du ku-cken kannst, das war Got-tes I - dee!
Freu dich, dass du hö-ren kannst, das war Got-tes I - dee!
Freu dich, dass du lau-fen kannst, das war Got-tes I - dee!
Freu dich, dass du hel-fen kannst, das war Got-tes I - dee!
Freu dich, dass du rie-chen kannst, das war Got-tes I - dee!
Freu dich, dass du füh-len kannst, das war Got-tes I - dee!
Freu dich, dass du glau-ben kannst, das war Got-tes I - dee!

Gott gab uns Atem

T.: Bücken Eckart – M.: Fritz Baltruweit – aus: Es sind doch deine Kinder, 1983
Textrechte: Strube Verlag, München-Berlin – Musikrechte: tvd-Verlag Düsseldorf

1. Gott gab uns A-tem, da-mit wir le-ben. Er gab uns Au-gen, dass wir uns sehn.
2. Gott gab uns Oh-ren, da-mit wir hö-ren. Er gab uns Wor-te, dass wir ver-stehn.
3. Gott gab uns Hän-de, da-mit wir han-deln. Er gab uns Fü-ße, dass wir fest stehn.

Gott hat uns die-se Er-de ge-ge-ben, dass wir auf ihr die Zeit be-stehn.
Gott will nicht die-se Er-de zer-stö-ren. Er schuf sie gut, Er schuf sie schön.
Gott will mit uns die Er-de ver-wan-deln. Wir kön-nen neu ins Le-ben gehn.

Gott hat uns die-se Er-de ge-ge-ben, dass wir auf ihr die Zeit be-stehn.
Gott will nicht die-se Er-de zer-stö-ren. Er schuf sie gut, Er schuf sie schön.
Gott will mit uns die Er-de ver-wan-deln. Wir kön-nen neu ins Le-ben gehn.

Du bist gut zu mir

T. u. M.: Martin S. Müller, Komponist & Kirchenmusiker, Donatsgasse 19, 09599 Freiberg
Telefon priv: 03731/215691, dienstl.: 03731/202219, AB u. Fax: 0180/3551829172, www.komonierbar.de

1. Ich lobe Dich, o Gott, in Deinen Händen schwebt das All.
   Du bist der Grund der Welt, schaffst Leben ohne Zahl.
   Dein Atem weht und wirkt in Menschen, Tieren, Raum und Zeit, so weit!

2. Ich lobe Dich, o Gott, Du bist mir nahe wie ein Hauch;
   umgibst mich wie die Luft, die ich zum Atmen brauch.
   Bin ich mal traurig und allein, dann spür ich: Du bist hier bei mir!

3. Ich lobe Dich, o Gott, ohne Dich wär mein Leben leer,
   doch ich entdecke Dich in allem um mich her.
   Im blühnden Baum, im neugebornen Kind, da lächelst Du mir zu!

1.-3. Du bist gut zu mir, so gut zu mir, o Herr, alles, was ich brauch, gibst Du mir und noch viel mehr. Du bist gut zu mir, so gut zu mir, o Herr, alles, was ich brauch, gibst Du mir. (1.-3.)

4. Ich erkenne, dass es mich gibt, weil Du mich liebst, und was ich zum Leben brauche, Du mir gibst. Ich weiß, dass, was auch passiert, mich Deine Hand immer führt, und all das tut so gut!

Du bist gut zu mir, so gut zu mir, o Herr, alles, was ich brauch, gibst Du mir und noch viel mehr. Du bist gut zu mir, so gut zu mir, o Herr, alles, was ich brauch, gibst Du mir. Du bist gut zu mir!

Der Herr gibt es den Seinen im Schlaf

Groß sein lässt meine Seele den Herrn

Text (nach dem Magnifikat des Lukasevangeliums)
Melodie und Rechte: Martin Schraufstetter, Schlegelstr. 4, 81369 München

Groß sein lässt mei-ne See-le den Herrn, denn Er ist mein Ret-ter.
Groß sein lässt mei-ne See-le den Herrn, denn Er ist mein Heil.

1. Laut rühmt mei-ne See-le Got-tes Macht und Herr-lich-keit, und mein Geist froh-lockt in mei-nem Ret-ter und Herrn. Denn Sein Au-ge hat ge-schaut auf Sei-ne klei-ne Magd, und nun sin-gen al-le Völ-ker mit mir im Chor.

2. Denn der Starke hat Gewaltiges an mir getan, und Sein Name leuchtet auf in herrlichem Glanz. Er gießt Sein Erbarmen aus durch alle Erdenzeit über jeden, der im Herzen Vater Ihn nennt.

3. Große Taten führt Er aus mit Seinem starken Arm. Menschen voller Stolz und Hochmut treibt Er davon. Die die Macht missbrauchen stößt Er hart von ihrem Thron und erhebt, die niedrig sind und arm in der Welt.

4. Hungernde lädt Er zum Mahle ein an Seinen Tisch, doch mit leeren Händen schickt Er Reiche nach Haus. Seines Volkes Israel nimmt Er sich gütig an, wie Er Abraham und allen Völkern verhieß.

5. Ehre sei dem Vater, der uns einlädt in Sein Reich. Ehre sei dem Sohne, der die Liebe uns zeigt. Ehre sei dem Geiste, der die Einheit uns verleiht, wie im Anfang, so auch jetzt und für alle Zeit!

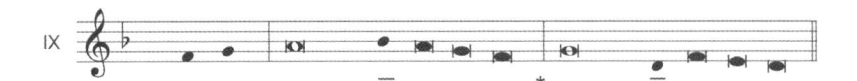

Dan-ket dem Herrn, er hat uns er - höht; Gro-ßes hat er an uns ge-tan.

Meine Seele preist die Größe des Herrn, *
und mein Geist jubelt über Gott, meinen Retter.

> Denn auf die Niedrigkeit seiner Magd hat er geschaut. *
> Siehe, von nun an preisen mich selig alle Geschlechter.

Denn der Mächtige hat Großes an mir getan, *
und sein Name ist heilig.

> Er erbarmt sich von Geschlecht zu Geschlecht *
> über alle, die ihn fürchten.

Er vollbringt mit seinem Arm machtvolle Taten: *
Er zerstreut, die im Herzen voll Hochmut sind;

> er stürzt die Mächtigen vom Thron *
> und erhöht die Niedrigen.

Die Hungernden beschenkt er mit seinen Gaben *
und lässt die Reichen leer ausgeh'n.

> Er nimmt sich seines Knechtes Israel an *
> und denkt an sein Erbarmen,

das er unsern Vätern verheißen hat, *
Abraham und seinen Nachkommen auf ewig.

Ehre sei dem Vater und dem Sohn *
und dem Heiligen Geist,

> wie im Anfang so auch jetzt und alle Zeit
> und in Ewigkeit. Amen.

Der Herr gibt es den Seinen im Schlaf

glauben.bilden

↘ LESEJAHR A

Renate Gies, Lilly Nasemann

Wort-Gottes-Feiern für Kinder am Sonntag finden bereits in vielen Gemeinde großen Anklang. Diese Arbeitshilfe unterstützt ehrenamtliche Laien bei der Vorbereitung und Durchführung solcher Gottesdienste für Kinder ab 6 Jahren, die parallel zum Gemeindegottesdienst stattfinden. Die Katechesen, Anspiele oder kreativen Anregungen zum Sonntagsevangelium vermitteln die Frohe Botschaft anschaulich und kindgerecht. Dabei gibt der feste Ablauf den Kindern Halt und Orientierung, ohne starr zu wirken. Der Brückenschlag zum Gemeindegottesdienst gelingt durch eine knappe Information nach dem „Einzug" und das Vortragen der Fürbitten durch die Kinder.

Eine Praxishilfe von zwei erfahrenen Kindergottesdienst-Leiterinnen.

dkv 2007, 60 Seiten, DIN A4
Best.Nr. 73744

6,50 €*

↘ LESEJAHR B

Renate Gies, Lilly Nasemann

Katechetisch-liturgische Impulse für jeden 2. Sonntag im Monat – Lesejahr B. Wie auch der erste Band zum Lesejahr A, bietet diese Ausgabe zum Lesejahr B viele Anregungen und Praxisbeispiele für die Vorbereitung und Durchführung von Wort-Gottes-Feiern für Kinder ab 6 Jahren. Die unterschiedlichen Katechesen, Anspiele oder kreativen Anregungen zum Sonntagsevangelium vermitteln die Frohe Botschaft anschaulich und kindgerecht.. Das „Zusammenspiel" mit dem (parallel gefeierten) Gemeindegottesdienst gelingt durch eine Zusammenfassung nach dem „Einzug" und das Vortragen der Fürbitten durch die Kinder.

Eine praxisnahe Arbeitshilfe mit ausgearbeiteten und erprobten Gottesdienstmodellen für jeden zweiten Sonntag im Monat..

dkv 2008, 64 Seiten, DIN A4
Best.Nr. 73799

6,50 €*

10% * dkv-Mitglieder erhalten 10% Rabatt

↘ IDEAL FÜR INTERESSIERTE GÄSTE

Bernhard Böhm, Peter Hundertmark, Thomas Kiefer
Wie Katholiken Messe feiern
dkv, München 2008, 15 x15 cm, 24 Seiten

Best.Nr. 73867
ab 10 Expl.: 2,70 €*
ab 50 Expl.: 2,60 €*
ab 100 Expl.: 2,50 €*

2,95 €*

Eine Verstehenshilfe für interessierte Gäste

Das farbenfroh gestaltete Heft informiert über den Ablauf der Eucharistiefeier. Übersichtlich und in einer alltagstauglichen Sprache werden die wichtigsten Gebete, Symbole und Rituale kurz und fundiert erklärt. Das Heft richtet sich dabei in erster Linie an Menschen (z. B. bei Taufe und Erstkommunion oder Begräbnis), die der Messfeier nur selten oder noch gar nicht beigewohnt haben. Anhand dieses „Leitfadens" wird ihnen geholfen, sich besser zurechtzufinden und die Heilige Messe mitzufeiern.